ホツマ 日本の歴史物語 1

「アワウタ」の秘密

池田満

装丁　池田満

ホツマ日本の歴史物語1

「アワウタ」の秘密

目次

序　ホツマツタヱの時代

『ホツマツタヱ』は十二代の景行天皇《けいこうてんのう》（ヲシロワケのアマキミ）の時代に、最終の編集がなされた書物です。５・７調の長歌のしらべに綴られた９７８０行の長大な著作です。日本の国のなり染めから景行天皇の５６年の時までの出来事が記されています。今から約１６００年前の景行天皇の時代、さらにそれから前の約４０００年間の歴史です。

『ホツマツタヱ』の他にも、『ミカサフミ』も『カクのミハタ（『フトマニ』など）』もあります。総称してヲシテ文献と呼びます。

当初の景行天皇の時代には、絹などの布に染め文字で記されていたようです。巻子本《かんすほん》の体裁だったと考えられます。今に伝わる写本は、和紙に墨で記されています。現在40アヤ揃った完本が4写本発見されています。もっとも古い写本は、江戸時代の中期に記されたものです。この最古の完写本の和仁《わに》估安聡《こやすとし》写本は、平成4年（1992）5月に新発見されました。他の３写本はいずれも明治時代以降の写本です。宇和島市の小笠原家に1写本と約半分。わたくし（池田満）の保管しているのが、約半分の写本があります。また、国立公文書館に所蔵された1写本があります。（表紙に写真を掲げました）

『ホツマツタヱ』は、漢字が渡来してくる以前にわが国で使用されていた文字で記されています。変わった文字ばかりですが、慣れてしまうとこんなものだと思えてまいります。『ホツマツタヱ』の用語は、現代の日本語と基本的には変わりません。文法も単語も共通しています。ただ、時代がとても古いために国語辞典や古語辞典に載っていない言葉が多い事には閉口してしまいます。

ところで、『ホツマツタヱ』は漢字以前の書物ということで偽書[章末注1]ではないかと疑問視されている向きもあります。偽書[章末注1]の疑いについては、研究を進める私たちとしても当初から最も神経を使って調べました。松本善之助[章末注2]先生の指導のもとに、私は『ホツマツタヱ』の全ての文字と、『日本書紀』『古事記』とを一字一字詳しく対照させました。この対照表はＢ４の専用用紙で約７００枚になりました。『ホツマツタヱ』と『日本書紀』『古事記』の３書とを比較したので「三書比較《さんしょひかく》」と呼んでいます。

全巻の「三書比較」を作成して、私は『ホツマツタヱ』は偽書ではなくて、まことの真正の日本の古典であると確認しました。世に広く理解を求めるために、『定本《ていほん》ホツマツタヱ ―『日本書紀』『古事記』との比較―』（池田 満、展望社）を出版しております。写本の細かな写し違いも頭記しました。

そして様々に研究を進めてまいりましたところ、『ホツマツタヱ』の世界がひとつの大きな姿としてわかってきました。それは、『古事記』・『日本書紀』の世界とは一味違う世界です。

恵民立国

『ホツマツタヱ』の世界で、第一にあげられる特色は、日本の建国についての事です。『ホツマツタヱ』では、日本の建国の根拠が文化にあるということです。人々の生活が向上するための文化を教え広めることによって国を建てたと述べています。

この基本精神は『ホツマツタヱ』に一貫して流れています。人々の幸せを考えて政り事をおこなうアマキミ（古代の天皇陛下）。アマキミは常に人々に恵みを与えてゆきます。

すると人々は恩義を感じてアマキミを為政者として立ててくれます。こうしてでき上ってきたのが日本の国だと『ホツマツタヱ』は説いています。

私は建国のこの原理を「恵民立国」と名付けました。アマキミがタミ（国民）を恵むことによって国を建てるということです。

人間アマテルカミ

『ホツマツタヱ』の世界では、アマテルカミ（天照大神）も人間です。アマテルカミにも人間としての悩みもありますし、失政をおこなってしまった後悔もあります。生き生きとした人間アマテルカミの姿には、私ならずとも私だけでなくどなたであっても惹き付けられるところがあると思います。

『古事記』・『日本書紀』の漢字文献では天上世界の話も、『ホツマツタヱ』では地上の実際の出来事として記されています。地方に残る古い伝承を調べても、考古学で続々と発見される縄文時代の素晴らしい文明的な発掘物をみても、『ホツマツタヱ』の記載と一致していることがあります。

いかにも、アマテルカミは実在していたと、実感として私には思えるようになりました。

また、アマテルカミの性別は男性であったようです。『ホツマツタヱ』には男性である旨の記述が多く記されています。アマテルカミには、おキサキさまが数多くおいでになられたのですから、アマテルカミが男性であるのは当たり前に当然の事です。

アマテルカミは実在であって、しかも男性であったと、私には思えています。

時代の変遷

『ホツマツタヱ』に記されているカミヨ（上代）の初めから、人皇十二代の景行天皇（ヲシロワケのスヘラギ）[章末注3]までの間にも時代の移り変わりはあったようです。時代の移り変わりというのは、その時代を支えている経済状況が時代とともに変わってゆき、経済状況の移り変わりとともに社会も変わってきたことを指します。

建国の以前の時代にあっては、採集や初期的な栽培を主にしていました。木の実を採集し、魚や獣を捕ることで人々が生活していました。そこで、多くの木の実が採れる樹の種類を知り、これを品種改良もして人々に教えて回るのがひとつの文化伝播です。また、穴居に人々が生活していたのを、住居を創り生活環境の向上を図ったことがもうひとつの大きな改革でした。これらの改善改革を根拠にしてわが国の建国が成立しました。

　次の大きな変化は4代目アマカミ[章末注3]のウヒチニ・スヒチニの時代から起こります。稲作が一般に普及し始めたのでした。この当時には陸稲が主な栽培方法であったようです。そうして稲作が普及してゆくとともに、結婚の制度も一般に普及が始まります。3月3日のひな祭りは、4代目アマカミのウヒチニ・スヒチニの結婚の儀を記念しています。それまでは、結婚という制度もありませんでした。群婚のような時代だったようです。ひな祭りからの、これ以降は、稲作が中心になってゆく経済が千年余にわたって受け継がれてゆくことになります。

　6代目アマカミ[章末注3]のオモタル・カシコネの時代の末になると気候の変化が起こりました。稲などの農作物の実りが悪くなり、世相も悪化して混乱しました。悪事に走る人も多くなりました。その時代には、罪人を斬るホコ（のちのツルギ）が作られます。

　7代目アマカミのイサナギ・イサナミは新田開発によって国家を再建して再興させます。その成功に至る基礎には、国語の再構築も行いました。これが、アワウタです。子音の１０の要素と、母音の５の要素からなる４８音韻を、５７調で４行のアワウタにまとめて人々に普及したことで、国語の全国統一が実現しました。

８代目アマカミはアマテルカミです。アマカミを補佐するトミ（臣）の役割りを明確に定めて、制度も整理しました。稲の新品種の普及をおこなって、暦（コヨミ）の再編をし、ミクサタカラ（三種の神器）の創始に至ったのもアマテルカミの功績です。

１０代[章末注3]アマキミの弟の方のニニキネの時には、新田開発が盛んにおこなわれます。治水や灌漑の事業も各地で精力的におこなわれるようになりました。ニニキネの時代の開発はとても盛んで、そして、この後はニニキネからの偉業をただただ引き継いでゆくような感じがあります。

ニニキネの2代のあとのタケヒト（神武天皇）の時に、大きな時代変化が訪れます。タケヒトとは、人皇の初代の神武天皇のことです。タケヒトの時の変化は、経済ではなくて、皇統の流れにあります。というのには、2代前のニニキネの時代に二朝廷が並立の状況になっていた（中世の南北朝時代のようなこと）がありました。

人皇の時代になってからは長く平穏な時が続きました。

文化・軍事・シャーマニズム曲線

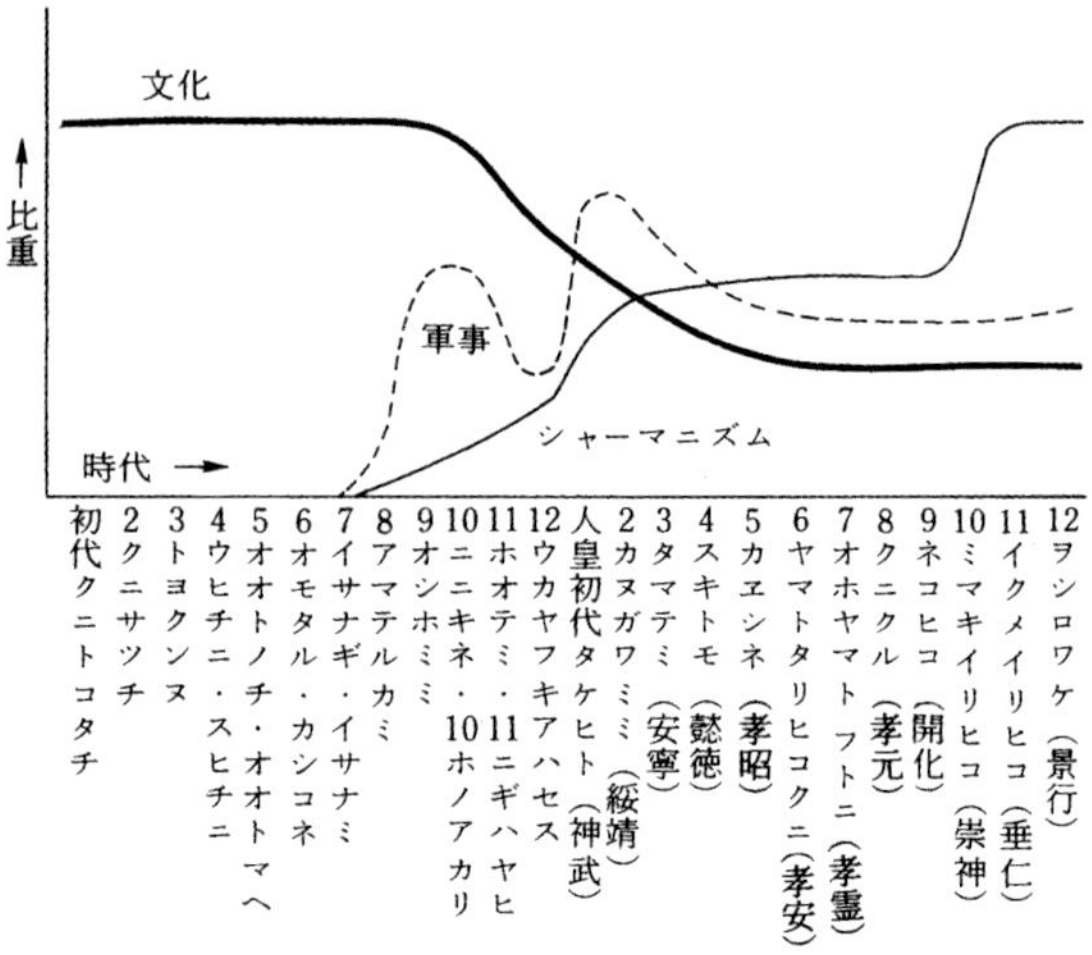

10代のスヘラギ[章末注3]（人皇《神武天皇以降》の時の天皇陛下）のミマキイリヒコ（崇神天皇）の頃から外国との交流が盛んになってまいります。そして、国内には疫病が蔓延して大問題になりました。 この頃から、世の中はシャーマニズムに傾いてゆきます。外国との関係の深まり、そしてシャーマニズムの台頭のうちに、ヲシテ時代が終わりを告げます。そして次におとずれるのが『魏志倭人伝』に表われるような無残な日本の姿です。

時代の大まかな流れを上表に表しました。

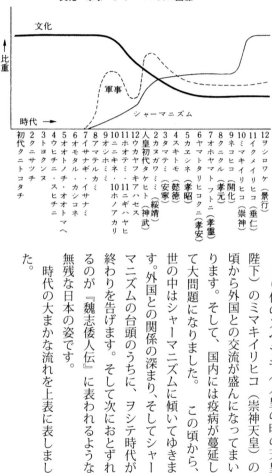

物語

『ホツマツタヱ』は、研究が進むほどに興味深いところが新たに発見できます。これは深く読み取る事が出来るようになったからです。直訳を欲しいとよく言われます。でも、はたして直訳で古代の世界に足を踏み入れることができるでしょうか。私は半世紀の研究の経験からしてNOと言いたいと思います。

それではどうするか。私は『ホツマツタヱ』の世界から物語を生み出そうと考えました。もしも読者が私の物語を読んで『ホツマツタヱ』の世界に興味を持ってもらったら幸いです。そしてさらに、『ホツマツタヱ』の原文にアタックしてみようと思って下さったのなら、もっと幸せに感じます。

ちょっと手間ですが、ほんとうに『ホツマツタヱ』の世界に入ってみたい方には原字・原文でのアタックをお勧めします。

でも、その時間を作れない方は、私の物語をお読み願いたいと思います。直訳よりも『ホツマツタヱ』の世界に近いと思うからです。

私の記す物語は、多少色つけをしてあります。『ホツマツタヱ』の世界を現代の人に理解してもらいやすいようにとの苦労の産物です。どうぞご理解を願います。

注1：明らかな偽書のカタカムナなどの他の神代文字の類とは、明確に区別をしてください。『ホツマツタヱ』などヲシテ文献は『古事記』『日本書紀』と原文比較をして、漢字文への翻訳前の原書であることを確認済です。『定本《ていほん》ホツマツタヱ―『古事記』『日本書紀』との対比―』（池田満、展望社）をご覧下さい。

注2：松本善之助氏（1919～2003）は、『現代用語の基礎知識』の自由国民社の編集長。ドラッカーの翻訳本の出版でも知られる。1964年以来『ホツマツタヱ』『ミカサフミ』など、ヲシテ文献の発見と研究に専念。

注3：時代変遷に伴って古代の天皇陛下の呼び名が変化しています。初代クニトコタチからアマカミと呼ばれます。4代ウヒチニ・スヒチニからアマキミの称号も並んで称されてきます。10代ニニキネからはアマカミよりもアマキミの呼び名が多くなります。また、スヘラギの称号が起きてきます。人皇初代のカンヤマトイワハレヒト（タケヒト・神武天皇）からは、スヘラギの称号が主流になります。

1　古調　トコヨのウタ

『ホツマツタヱ』や『ミカサフミ』などヲシテ文献にあるウタで、もっとも古格を感じられるのが「トコヨのオトリ《舞踊》」のウタです。

時は、もう縄文時代の前期にも遡るような、今から遡る事約6000年にもなろうか、という時代の話です。わが国って、本当に歴史が古くからあるのですね。エジプトよりももっと古い。考古学で掘り出した火焔土器の時代に文明がなかったはずがありません。三内丸山遺跡の出来た時代に我が国に文明がなかったはずもありません。福井県の鳥浜貝塚の営まれた時代に、わが国に文明のなかったはずもありません。佐賀県の東名《ひがしみょう》遺跡の営まれた時代に、わが国に文明のなかったはずもありません。

隣国のＣｈｉｎａ（中華文明）の歴史よりも、もっともっと、古くからわが国の文明は大きく花開いていたのです。「漢字が来てから文化ができた」なんて言うのは、世迷いごとのお話であることは、考古学[章末注1]の発掘から証明され始めています。わが国は、縄文時代の前期のころの古い時代から「縄文文明」建国がなされていたのが真の姿だったのです。縄文時代の前期のころから舞踊もあって、歌に合わせて踊っていたのです。「トコヨのオトリ《舞踊》」と言います。今では、もう忘れ去られている踊りですが、『ホツマツタヱ』にその歌の歌詞の内容が記されて残っていました。そうです、わが国は、これほどにも住み良い土地です。グローバルに全地球のあちこちに探し求めても、こんなにも暮らしやすい素敵なところは、そうは、ふたつも見つかりません。古い時代から独自の文明が開化したのも当然のことでありましょう。

「トコヨのオトリ《舞踊》」のウタを見てみましょう。『ホツマツタヱ』7アヤの37ページに出典しています。

オモヒカネ　とこよ《建国の当時》の　おとり《舞踊》
なかさきや《あなたの幸せ》　わさおきうたふ

『ホツマツタヱ』7アヤ37ページ（21054）

かくのき《タチハナ（橘）》　かれてもにほゆ
しほれてもよや　あかつま
あわ　あかつまあわや　しほ
れてもよや　あかつま　あわ
もろかみは　いはとのまえに
かしまとり　これそ　トコヨ　の
ナカサキや　キミ《アマテルカミ》　ゑみ　ほそく

最も古いウタの形式は、57調とは、違いました。縄文時代の前期にも遡るような、とても古い、形式のウタだったからです。4、7・7・4・2、7・7・4・2のように、5・7調の調子ではありません。今現代からすると乱調のようにとも感じられましょうか。始めの4音の「《かくのき》」はマクラコトハ《枕詞》のような提示です。現代に文化勲章のメダルのデザインに使われる花が橘です。さすが、昭和天皇さんです。文化勲章のデザインを尋ねられた際に「そりゃ、タチバナだね」と、桜の花の案を一蹴なされたのでした。

よもや、『ホツマツタヱ』などヲシテ文献をご存じであったはずもないのですが、さすが、昭和天皇さんだと、わたくしは尊敬の念を新たにしたのでございました。

そして7・7・4・2の音が2回繰り返されています。つまりは、このトコヨの時代（「縄文文明」建国当初の時代）は、57調のウタの調べの文体が確定してくるよりも、さらに前の時代の事でした。

このウタの詠まれた場面を説明しておきましょう。

オモヒカネが、アマテルカミにお力付けをする場面です。何故ならば、アマテルカミは愛《いと》しいおキサキさんのハナコヒメを事故死で喪《うしな》ってしまわれて落胆なさっておられたのでした。忌殿《いわむろ》に引きこもってしまわれて、まつりごとが開けなくなりました。世の中は闇になりました。それには事情がありました。弟のソサノヲ（スサノヲとも言う）がすさんで荒れていて乱暴にも織機殿に小馬《（犬か？）》を投げ入れたのでした。それで、（杼《ひ》・織り機の道具で尖っている）で怪我をなさったハナコヒメは亡くなってしまわれたのでした。ソサノヲのすさみ荒れた原因は、クニカミに任じられなかったことにありました。兄のアマテルカミと比べられることが多かったソサノヲは、幼い時からいじけた心でした。それで、「アメのミチ」の理解が出来なかったのです。アマテルカミとしては、そんなソサノヲをクニカミに任命する事は出来かねていました。

そこに、おキサキさんの争いが絡《からん》んでまいります。アマテルカミは12人のおキサキさん達に囲まれていました。全国各地の有力者からの申し出を断り切れなかったので、大所帯のおツホネ（局）さんを擁する事になりました。わが国の全国規模の中央集権的な国家がまとまった結果にしての、12人のおキサキさまでした。東西南北の各方面に3段階の、スケツホネ・ウチツホネ・オシモツホネを設けます。そのうちの、南のスケキサキさんのホノコヒメがウチミヤに入られて正皇后さんとなられます。

北のおキサキさんの、モチコヒメは、ホノコヒメを妬みます。その妹のハヤコヒメは、ソサノヲに横恋慕します。モチコヒメとハヤコヒメは、ソサノヲにクーデター計画を持ちかけました。ソサノヲが、その気になっているのを、ハナコヒメに見つけられてしまいます。注進された結果、モチコヒメはミコのホヒさんと離されて、九州の宇佐に蟄居謹慎の処分となります。ハヤコヒメは、三人の女のお子さんたちと離されることはありませんでしたが、やはり、九州の宇佐に蟄居謹慎の処分となります。

亡くなられたハナコヒメは、正皇后になられたホノコヒメの妹さんでした。カク（タチハナ・橘）の花の良い香りにちなんだハナコヒメは素敵なお人でした。クーデター計画（モチコヒメとハヤコヒメとソサノヲが画策）を注進したハナコヒメを、ソサノヲが恨んで、乱暴にも織機殿に小馬を投げ入れたのです。ハナコヒメは国家のことを思い、キミのアマテルカミのことを思い、姉のホノコヒメのことを思って、クーデター計画の不穏な動きを注進したのでした。

ハナコヒメが亡くなられた！　と、お聞きになられた、アマテルカミは酷いご落胆のご様子です。アマテルカミが忌殿《いわとの》に引きこもってしまわれて、まつりことが開けなくなりました。世の中は真っ暗な闇になりました。

この事態を聞いたオモヒカネは、夜を日に継いで駆け付けてきました。オモヒカネは、今の琵琶湖の湖東の野洲川のほとりに住んでいました。松明《たいまつ》を持って駆け付けてきたのでした。オモヒカネはアマテルカミの重臣であって、義理の弟にもあたります。アマテルカミの妹君のワカヒメさんを妻に迎えていました。

当時の都《みやこ》のイサワのミヤ《現在の志摩市の伊雑宮》に着いたオモヒカネは、古調の「トコヨのオトリ」に歌うウタを詠みました。それが『ホツマツタヱ』7アヤの37ページに出典するウタでした。ハナコヒメは、とっても良い香り。亡くなっても、香ります。カク（タチハナ・橘）の花と同じです、良い香りです、と。

かくのき《タチハナ（橘）》 かれてもにほゆ
しほれてもよや あかつま
あわ あかつまあわや しほ
れてもよや あかつま あわ
もろかみは いはとのまえに
かしまとり これそとこよの
なかさきや きみ ゑみ ほそく

オモヒカネはじめ諸臣たちが、アマテルカミの籠っておられる忌殿の前で歌い舞います。カク（タチハナ・橘）の花にちなんだ「トコヨ《建国の時の国号》のオトリ《舞踊》」です。カク（タチハナ・橘）の花は、「縄文文明」建国のトコヨクニの象徴の樹であり、香りのよい花です。国祖のク

ニトコタチさんは、カク（タチハナ・橘）の樹を植えておられます。

　国祖クニトコタチさんの建国当時の「トコヨクニ」に充満する雰囲気が「《ニ》のこころ」でした。「ナカサキ」は、あなた《ナ》の幸いを願う気持ちです。

　気を取り直されたアマテルカミは少し微笑まれたのでした。オモヒカネのウタが、アマテルカミのおこころに届いたのです。戸を開こうと少し覗かれたので、オモヒカネの子のタチカラヲが、アマテルカミの御手をとり忌殿《いわとの》からお出まし戴いたのでした。

注1：考古学でヲシテ文字で記された文章が発掘されるまでは、文献の比較対比がヲシテ文献の真実性の確たる根拠です。墨書土器や線刻土器の弥生時代のものが発見されたりしています。発掘は、これからでしょう。ここにも、偶然が関与します。

2 アワウタの初詠

わが国の歴史は、とても長いです。縄文時代の前期のころの建国ですから、ゆうに6000年は過ぎようとしています。文明の揺籃期は、縄文時代の早期にも遡ります。すなわち12000年の昔にも遡る、悠々たる長大な歴史を有していました。

これだけ長い歴史のうちには、幾つもの国難が押し寄せてきています。この危機を、わたくしたちの祖先はそのたびに乗り越えてきてくれたのです。

国家建国の機運を高めたのは、国語でした。多くの国難を乗り越えてこられたのも国語の力《ちから》です。「アワウタ」の成り立ちを知ると我が国の文明のその偉大さに驚くことになるでしょう。

そもそもの、縄文時代の晩期からの「アワウタ」が創られていった社会状況に目を向けてまいりたいと思います。

「アワウタ」の創られた7代アマカミのイサナギ・イサナミの時代の、そのひとつ前の、6代アマカミのオモタル・カシコネの時代の末期に農作物の減収が起きました。気候の寒冷化が訪れたからでしょう。考古学の研究成果から、縄文時代晩期の約３５００年前から、寒冷化による海退の現象が現代にわかってきています。ちょうど、この時に遭遇したのが6代アマカミのオモタル・カシコネさんでした。

また、6代アマカミのオモタル・カシコネさんにはお世継ぎが得られていなかったのも、世相の混乱に拍車をかけたようです。アマカミとして、おこころにもお身体にも大変なご負担であらせられたことでしょう。

この、困難な時代に次の7代アマカミとしてまつりこと《政り事》を託されることになったのが、イサナギとイサナミでした。イサナギさんは北陸地方のご出身です。イサナミさんは東北地方のご出身です。新婚生活を今の筑波山の麓で送るうちに、様々な問題に気が付かれたことでしょう。何より、各地方地方の言葉が違ってきていることに危機感を抱かれたと推察されます。

現代でも、地方ごとのディープな言葉使いは聞き取りにくいことがあります。

わたくしも、各地に行った際に言葉がわからないで困惑したことがよくありました。わたくしの母は茨城県の郡部の出身です。ダンダラボッチ伝説の『常陸国風土記』に記載のある大櫛（大串）の里が故郷です。母は小柄でしたけれど、旧姓は大串でした。母は、小学校の時など先生によくかわいがって貰ったと聞きました。『常陸国風土記』に大櫛（大串）の記載があるからですね。わたくしは糸引き納豆の会社勤務が長かったので、茨城県との御縁はさらに深くなりました。茨城県出身の母を持っていても、それでも、茨城県の郡部に行った際には、3か月は言葉がわからなくて苦労しました。ましてや、縄文時代の晩期のころまで遡ってみたら、言葉の違いでの苦労はもっと大変なことだったと想像されます。

この難題について、イサナギ・イサナミさんは、「アワウタ」の普及で改善の道筋をつけようとお考えになりました。

「アワウタ」もしくは「アワのウタ」は、ヲシテ文献の4か所に典拠があります。『ホツマツタヱ』の1アヤと、『ミカサフミ』の1アヤ目にほぼ同じ文面が記されています。

『ミカサフミ』の記載の細かな違いは下注に記しました。

『ホツマツタヱ』1アヤ3ページ（重要な校異を下記します）

ゐとしふゆ（現代の七五三）　をは《男の子》はかま《ハカマ（袴）》きる

め《女の子》はかつき《正装の被着》　ことはお《を》なおす

あわうたお《を》　つねにおしゑて

あかはなま　いきひにみうく

ふぬむえけ　へねめおこほの

もとろそよ　をてれせゑつる

すゆんちり　しゐたらさやわ

あわのうた　かたかきうちて

ひきうたふ　おのつところゑも

あきらかに　ゐくらむわた《こころ・からだ》を《タマのヲ》

ねこゑ《見えないものの構成要素》わけ　ふそよにかよひ

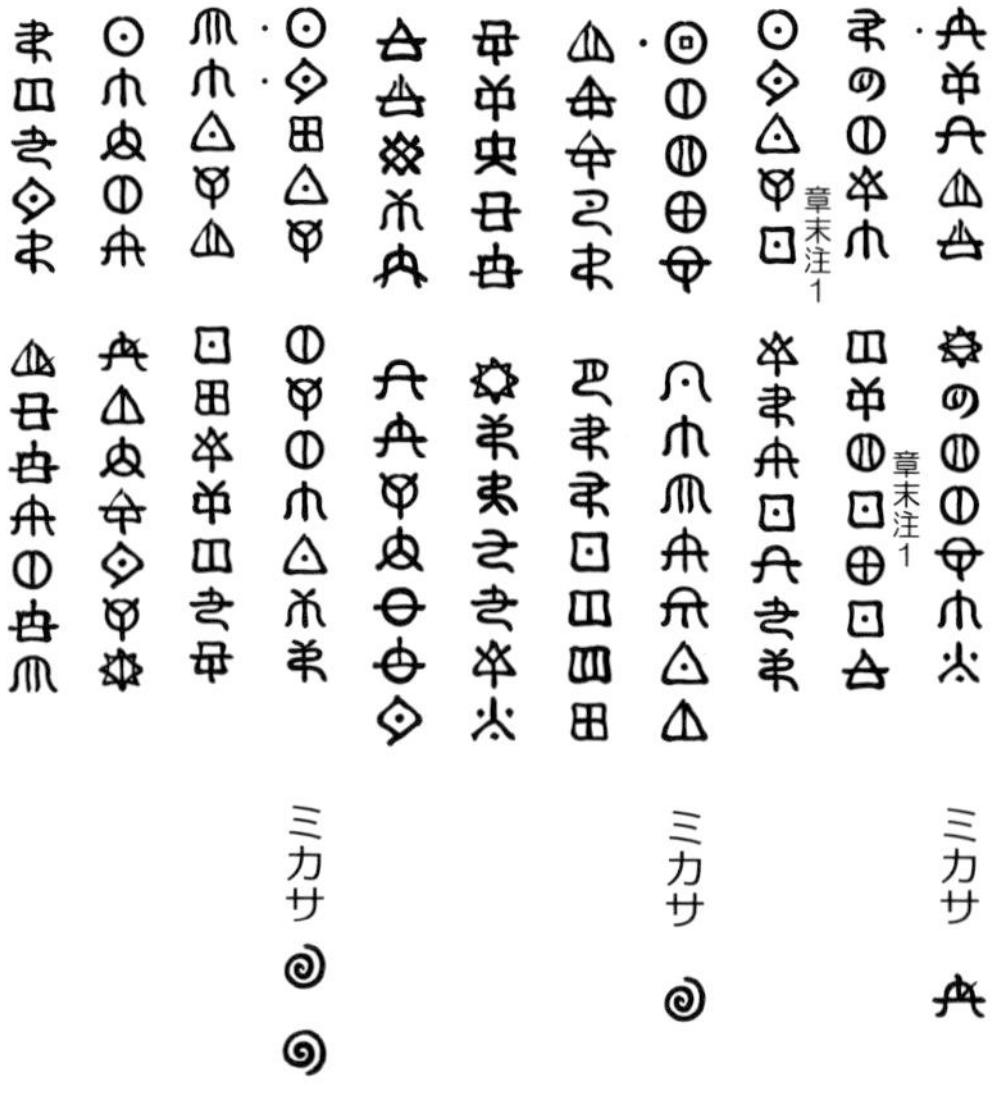

よそやこゑ　これみのうちの
めくりよく　やまひあらねは
なからえり　すみゑのをきな《スミヨシのヲキナ》
これお《を》しる

章末注1

ミカサ 

48音韻の「アワウタ」を知り歌うとおのずからに血流の巡りもよくなり健康に長生きできます。なぜならば、ヒトのこころにも身体にも「アワウタ」は、はたらくからです。これを知るのはスミヨシ（スミヱ）のヲキナ《長寿の立派な人》です。詳しい解説をアマテルカミも妹君のワカヒメさんも説いておられます。次に引用する原文の「アマテルカミの解説」のところと、「ワカヒメの解説」のところで説明いたしましょう。

「アワウタ」に音楽は付き物でして、カタカキうちて　ヒキうたふ（カタをかき打って、コトをひき鳴らし）　のでした。今では、どのような音楽だったか？　忘れ去られているので、よくわかりません。おそらく楽しい音楽だったでしょう。長生き元気に貢献するのですから、楽しい音楽であるはずです。

「アワウタ」の48音は、57調で4行です。とてもよく考えられたウタです。国語音韻の48音が57調4行にまとめられています。5母音の○∩△ᘔ□（アイウエオ）と、10の子音の・《ピュアー》 ｜k音 ‖h音 ＋n音 ⊤m音 Ｙt音 人r音 一s音 ⊥y音 ◇w音で構成されている48音韻が、クマなくすべて盛り込まれたのが「アワウタ」です。

イサナギさんとイサナミさんは、48音図をウタで覚えやすくするため「アワウタ」を音楽の調べに乗せての普及に努められました。

一行目のアカハナマの5音で一区切りになります。2行目のイキヒニミ

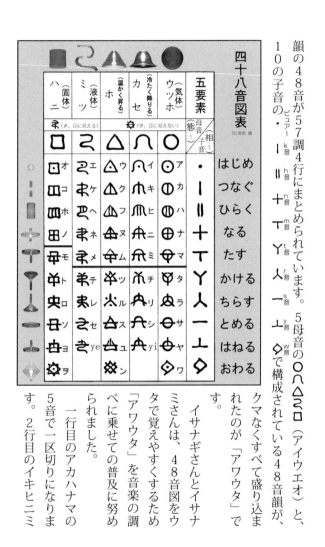

から3行目のウクまでの7音が「アワウタ」の一行目の下の段のイキヒニミウクです。
このあと、5音と7音にと順次に綴ってゆくと「アワウタ」になります。

あかはなま　いきひにみうく
ふぬむえけ　へねめおこほの
もとろそよ　をてれせゑ《ye》つる
すゆんちり　しゐ《wi》たらさやわ

きわめて理知的な48音のウタが「アワウタ」です。つまり、こうして考えてまいりますと、48音韻の音図表はすでに昔から出来上がっていたことが判ります。国祖のクニトコタチはトホカミヱヒタメの季節概念を把握していましたから、48音図の表は、建国当初か、それ以前の、もっと前の太古の時代に形成されていたと考えられます。わが国は縄文時代の前期から建国された、とても歴史と伝統の長い文明根拠の国家でした。
それが、平安時代のころになると、「アカサタナハマヤラワ」の順序に変わってしまいます。外来の悉曇《しったん》（インドの音韻）の影響下でおもねった結果として、本来の「あかはなまたらさやわ」を忘れ去ってしまったのでした。残念で悲しいことです。飛鳥時代か奈良時代、もう少し前の時代だったことも論考の主にも据えられましょうか。その際に、漢字移入に伴って、わが大文明の魂まで放擲《ほうてき》してしまったのは、後世の私たちの自虐史観の根源だったのではないでしょうか。

でも、本当の記紀の原書が奇跡的にも残されて現代発見されましたのです。ようやくの事に、漢字渡来以前・悉曇渡来の以前のわが国の本当の国語の音韻図を取り戻すことが出来るようになりました。本来の国語の音韻の並びの「あかはなま　たらさやわ」の子音の順序を取り戻しましょう！　このことは、絶対の100％の真実です！　よくよく考えてみましたら、すごいのですよ。この順序は。ここには、自然哲学の、縄文哲学の哲学基本が秘められてありました。

10の子音の初めの　・《ピュアー》　は、種子です。土に埋《う》まったタネですね。

子音の2番目　|《k音》　は、根が出て、芽が出てきた状態です。生え始まりです。

子音の3番目　||《h音》　は、双葉などが生えてくる状態です。苗の状態です。

子音の4番目　十《n音》　は、枝葉も生えそろった状態です。成木の状態です。

子音の5番目　丅《m音》　は、成木《せいぼく》として充実し実の生じて来ようとする有り様です。

子音の６番目t音 は、ひとつの結実に多くのちからが集まる状況を表します。
子音の７番目r音 は、実った実があちこちにばら撒かれる様子を表します。
子音の８番目s音 は、まき散らされた実が、地面に広がるさまを表します。
子音の９番目y音 は、実が、地面に当たって跳ね返るさまを表します。
子音の１０番目w音 は、実が、地面に落ちて埋もりもぐるさまを表します。

こうして考えると、我が国の国語の音韻の子音の意味は、樹木や植物の植生の生成の観察から得られてきた自然哲学由来の１０の子音だったといえます。自然哲学が、縄文哲学だったとよくわかります。オカルトでもなく、シャーマニズムでもなく、アニミズムでもない、我が国の優れた自然哲学が国語音韻に作用して文明を創っていったのです。それが、わが国語の形成の真実のシナリオです。

１０の子音は、そのありさまを発露します。何がどうなのか。の、カタチの提示を行うのが子音の役目です。漢字の概念を借り「相《そう》」としても表すように意味を加えました。子音の後に続く、[章末注2] ５の母音は、その発露のイメージについて、どう？　現状についてのありようの現在を態《現状の風景》として表すのです。「態《たい》」と名付けました。子音と母音とで音韻形成をするヲシテの音韻形成の基本の様式です。子音で先行するべきイメージを提示して、母音で現状の有り様を映してゆくのが、ヲシテ文字の概念です。子音を「相《そう》」、母音を「態《たい》」とする表現は、平成に入ってから新たに付け加えた概念です。（『よみがえる日本語』（池田 満・青木純雄・平岡憲人・斯波克幸、明治書院）参照）

　イサナギさんとイサナミさんは、[章末注3] 48音図を基にして、人々が普段に親しんで楽しく国語の基礎を習得できる「アワウタ」を広めてゆかれます。

あかはなま　いきひにみうく
ふぬむえけ　へねめおこほの
もとろそよ　をてれせゑ[章末注4]つる
すゆんちり　しゐ[章末注4]たらさやわ

　イサナギさんとイサナミさんが新婚生活を送られたのは、今の筑波山の山麓です。筑波山はフタカミヤマとも言います。イサナギさんとイサナミさんもフタカミと呼ばれます。続きウタの「ツツウタ」も詠まれますので、続きウタの「ツクハ」にちなんだのですね。それで筑波山《つくばさん》と呼ばれるようになるのでした。

注1：助詞の「を」は、『ホツマツタヱ』などヲシテ文献では例外なくア行の「お」が使われています。ヲシテ文字の意味からしても、固まるだけの意味でア行の「□」が助詞の「を」に合致しています。つまり、本来は助詞の「を」は、ア行の「□」であるはずです。現代語との兼ね合いから、わかり易く、助詞の「□」は「お《を》」と表しました。

注2：国語音韻の5母音は状態の形容の現状の認識をとらえるものです。認識者としての関わり合いがここに提示されます。これほどにも素晴らしい言語が、縄文時代の前期からわが国語の根幹に備わっていたのです。

直訳、すなわち「直訳偽書の秀真伝《しゅうしんでん》」は多く出版されています。近々にも「鳥居礼ホツマ」、「いときょうホツマ」、「千葉富三ホツマ」などなど「直訳偽書の秀真伝《しゅうしんでん》」は多くあります。これからも多種多様のさらなる「直訳偽書の秀真伝《しゅうしんでん》」は多く出現することでしょう。それらは、すべてがすべて、ゴミにほぼ近いと言わざるを得ません。まとめて「直訳偽書の秀真伝」と総称しましょう。直訳の文章は、どうにもならない売国の産物です。その差が判るのかどうかは、原字原文にある程度親しんできてから、ハッと目が開くものであります。直訳の「直訳偽書の秀真伝」は、わがクニの素晴らしい大文明を、ニセモノに貶めて売る人達の産物です。関わらないのがよろしいでしょう。関わらないのが、いの一番で肝心要でなによりです。それでも、ヘンな本が切っ掛けで本物の『ホツマツタヱ』などヲシテ文献の真実に触れ得る人もあります。あながちには、ヘンを除外するのも短兵急なのかも知れません。いかにも、記紀原書の普及は、野も越え、山も超え、幾千里幾万里の道のりで御座います。一朝一夕には参るものでは御座いません。

そうは言いましても、おかしな人には、親切は一切においてムダです。どうやっても、一切においてムダなのですね。

いくら親身にしても、それは、打って返しの痛い目に会うだけです。逆にアダで返されます。逆の追加のせびりまで受けかねません。クワバラクワバラです。根本の、「トのヲシヱ」が成立するのかどうか？　その前提条件のお互いの信頼関係の「ニのココロ」があるのか？　ないのか？　まずは、交友などの関係を結ぶ始めには、このあたりの事情を確認しておくことが、とっても大切です。

注3：　5掛ける10なら、50になりそうですが、ワ行は「◈※✲（わんを）」の3音です。それで、48音韻です。特殊行なのです、ワ行は。ワ行は、収束《おわること》を表す子音ですので、特殊事情があります。

ワ行は、母音の○∩△ƨ□（アイウエオ）のうちの○△□（アウオ）にだけ作用して音韻形成が成されます。∩（イ）の行、ƨ（エ）の行にはたらかないのは、現在完了の時制の∩（イ）は、まさに収束している現在進行の時制に、収束の意味で同価となるから、「※（ん）」の意味に合わさってしまいます。同じく、命令形のƨ（エ）の態も、収束の意味の子音との合わさりで、意味合いが「※（ん）」に合わさってしまいます。このため、収束を意味するワ行は5音韻から∩（イ）の行、ƨ（エ）の行の2音韻が「※（ん）」の音韻に吸収収束されて、ワ行は3音韻の「◈※✲（わんを）」になるわけです。

これほどにも音韻形成において、哲学的に精緻に極めていたのが、わが国の漢字以前の時代からの48音韻でありました。

注4：〔ye〕や〔yi〕は、便宜的に「ヱ」や「ゑ」、「ヰ」や「ゐ」を使って示しています。本来は、国字のヲシテ文字だけで表現してゆきたいものです。

3 タミとなせトミ、トミとなれタミ

わが国の歴史のうちで、イサナギさんとイサナミさんの国家再建事業の偉大さは特別に尊重するべきです。「瑞穂の国」という表現ができるようになる時代を、イサナギさんとイサナミさんが創ってゆかれたのでした。考古学の発掘調査で分かってきた、弥生時代の姿が「瑞穂の国」の風景のそのものです。

弥生時代に訪れる「瑞穂の国」の風景は、豊かにはなってきたのですが、一種の管理社会の入り口に入ってくる時代に位置します。

それまでのご気楽な暮らしの縄文時代の生活様式では、日々の暮らしが支えられなくなってきます。つまりは、気候の寒冷化が訪れたのでした。今から約３５００年前に寒冷化が始まります。極地方などに氷が堆積してまいります。その事から、海退期を迎えます。寒冷化と海退期。この気候変化の時代を迎えて、世の中が乱れてきました。もう、時代の経済の根底からが変わらざるを得ない事態に直面しました。人々がふつうに食ってゆけない時代になったのでした。この事態の深刻さに6代アマカミのオモタルさん・カシコネさんが当惑なさいます。混乱もはなはだしい塩梅です。どうやって指導していってよいのか、呆然とされておいでです。

その時に、東北地方のトヨケさんが新たな時代に乗り出す知恵を発出してくれました。また、北陸のアワナギさんも新たな時代に乗り出す知恵を編み出してくれました。もう、ここに6代アマカミのオモタルさん・カシコネさんの時代は昔のものとなったのでした。オモタルさん・カシコネさんにはお世継ぎもなかったことから、7代目のアマカミをどうするか？　この大問題に直面されてもいたのでした。

時に、北陸のアワナギさんにはタカヒト《（イサナギ）》さんと言う立派なヨツギのお子さんが居ました。東北のトヨケさんにはイサコヒメ《（イサナミ）》さんと言う、素敵な娘さんが居ました。そこで、このお二人にご夫婦となってもらって、次の時代のアマカミに就いていただくのが最も良いと言う世論も高まってまいりました。

そこで、イサナギさんとイサナミさんは新婚生活のツクハ（筑波山）のミヤへ赴かれたのでした。美しいところです、筑波山のお山は。その山麓も、素晴らしく美しいです。ツクバのお山は、見ていて飽きも来ません。多種多様のヤマサクラの花が咲く、とてもとても美しいお山なのです。山頂にまで登ると素敵なことはまた格別です。春には、紫の花の美しいカタクリ[章末注1]の可憐な花が咲き広がります。

新婚のご生活を送る、楽しい筑波山の麓の日々のうちに、全国の人々からアマカミにと、ご即位の求めが寄せられてきます。「アワウタ」を歌い広めることで、筑波山の周辺から、良い兆候が自然と広がってきたからでしょう。言葉を直すことは、言語の調整は、とてつもなく重要な要因です。目には直接に見えはしませんけれど、とても大切なファクター《要素》です。

しかる後に、イサナギさんとイサナミさんは、7代目のアマカミとして即位することになります。そして「トとホコ」の二種の神器の授与が為されます。三種の神器の一世代前の神器は二種で「トとホコ」です。後にアマテルカミが三つ目のカガミを付け加えられましたので「ミクサタカラ」になりました。これが、今に伝わる三種の神器です。

そもそもは、国家統合のタカラは、国祖のクニトコタチさんが「トのヲシテ」を以って縄文文明の建国をなさいました。その当時は、「トのヲシテ」を象徴するタカラである「マカリタマ」が国家統合の象徴でした。「トのヲシテ」の象徴が「マカリタマ」です。勾玉ですね。縄文時代の早期や前期の遺跡から発掘されていて、わが国の６０００年以来、１０００年以来の尊ばれていた宝石として今にもわかります。わが国の勾玉それに先行するヒスイ《翡翠》の大玉を尊ぶことは、やっぱりどこよりも古くからのわが国の伝統です。縄文時代の早期から前期の時です。この時代、建国の国祖のクニトコタチさんの時代には、一種の神器だったわけです。その後に、国家統合の象徴の神器は数が増えます。ツルギは6代目のオモタルさんが加えられまして二種の神器となり、またさらに、アマテルカミはカガミを加えられます。こうしてミクサタカラ（三種の神器）になるのでした。

二種の神器となる経緯は、縄文時代の晩期において気候の寒冷化が起きたことに起因します。6代目のアマカミのオモタルさん・カシコネさんの時代の末期に気候の寒冷化が起きて、人々が困ってしまいました。オモタルさん・カシコネさんには、お世継ぎも得られていませんでしたので、世の中はさらに騒然としてきます。この事態を受けて、

7代アマカミのイサナギさんとイサナミさんがアマカミ（古代の天皇陛下）にと立たれます。そうして、国家を再建なさってゆかれます。

国家の再建は大変なことです、大仕事も大仕事です。6代目のアマカミのオモタルさん・カシコネさんは、「トのヲシテ」と「ホコ」（のちのツルギ）を国家統合の象徴として、イサナギさんとイサナミさんに授与なさいました。イサナギさんとイサナミさんが、国家の再建に資する、水田稲作の耕作方法を広めることになりました。これが、「瑞穂の国」となってゆく弥生時代の始まりになります。

縄文時代の「トコヨのクニ」から、弥生時代の「瑞穂のクニ」にと、時代の変遷《移り変わり》が、ここに訪れたのです。もっともっと豊かになります。この時代の変遷です。

『ホツマツタヱ』17アヤ93ページ（23504）

くにめくり　よのあしはらも
みつほなる　かみ《イサナギさま》のみうたに
つちかふは　みのあしはらも

みつほなる　たみとなせとみ

とみとなれたみ

「つちかふは」のおウタは、イサナギさんの国家再構築の事業をなさいます初めのころにお詠みのおウタです。水田の開拓の時代です。

のちに、アマテルカミが述懐してお述べになっている文章が『ホツマツタヱ』の23アヤ7ページ（24393）に出典しています。イサナギさまの、農業革新の実情がよくわかる個所です。

アメのカミ　ツキなくまつり
つきんとす　かれイサナギに
のたまふは　トヨアシハラの
ちゐも《千五百》あき　ミツホのタあり
ナンチゆき　しらすへしとて
トとホコと　さつけたまわる

トはヲシテ　ホコはサカホコ
フタカミは　これお《（を）》もちひて
アシハラに　オノコロお《（を）》ゑて
ここにおり　ヤヒロのトノと
ナカハシラ　たててめくれは
おおやしま　とふるマコトの
トのヲシヱ　ちゐものアシも
みなぬきて　タとなしタミも
にきはえは　ヰヤマトとふる
ヤマトクニ　マトのヲシエは
のほるヒの　モトなるゆえに
ヒノモトや　しかれとヤマト

なすてそよ　ワレはトのチに
ヲサムゆえ　オミもトミなり
そのゆえは　モトモトアケの
ミヲヤカミ　ゐますウラには
キタのホシ　いまこのうえは
ミソムめの　トのカミゐます
そのうらが　ナカハシラたつ
クニのミチ　アメよりメクム
トのカミの　ムネにこたえて
まもるゆえ　ヒトのナカコに
あいもとめ　ひとつにイたす
トのヲシエ　なかくをさまる

たからなり　アメのヒツキお《を》
うくるヒの　ミツのタカラの
そのひとつ　アメナルフミの
ミチのクそこれ

現代語の漢字語の概念での直訳にすると、多くの誤解が生じます。特に『ホツマツタヱ』23アヤのように哲学的に深くて高度な内容を含む文章は、単純直訳はいけません。直訳偽書の作成になりかねません。意訳の解説文を、掲載しておきましょう。

『ホツマツタヱ』23アヤ7ページからの解説文

寿命の変化も、不安な事ですが、ツミ（罪）無き人を誤って斬ると子種の出来ない事になってしまいます。ゆめ、間違うことを避けなくてはなりません。6代目アマキミのオモタル・カシコネさんには、継子（つぎこ）が得られませんでした。アマキミ（古代の天皇陛下）の位を空けるわけにはまいりません。そこで、次代の7代アマキミには、イサナギと、イサナミの二人に譲位をして継いでもらう事になります。イサナギさんは、北陸地方の出身です。イサナミさんは東北地方の出身です。6代目アマカミのオモタルさんは、次代を担うイサナギさんイサナミさんにおっしゃいました。

「とよあしはら（琵琶湖の湖岸地方）の　1500の村のクニを譲り授けます。アキ（秋）には豊かに実り、ミツホ（税収）が沢山の量での納付のあるクニです。あなたちは、ここを根拠にして、全国をまとめあげて安定した政治を実現して下さい」そうして、トのヲシテと、ホコ（サカホコ）の2種のカンタカラ（2種の神器）を、イサナギさんイサナミさんに授け賜るのでした。

イサナギ・イサナミのフタカミは、とよあしはらの1500の村からの財源で、新宮のヤヒロ（8尋・8間）のオオトノ（大殿）を建てます。ここに、オノコロ（自ずからに定まり処）を得てのアマキミとしてのご即位が成り立ちました。新宮のヤヒロのトノ（宮殿）にクニの中心のハシラ（柱）を立てて、日本全国の中心としました。ここに、「トのヲシテ」が、日本全国に再び国家建国の理念としてよみがえるのでした。イサナギ・イサナミさんは、このミハシラを巡って、7代目アマキミへの即位を宣言なさいます。そして、この後に、実際に全国各地に教導のミユキ（巡幸）をなさいまして、広く国民民衆を指導なさいました。

先ず始めには、とよあしはら（琵琶湖の湖岸地方）にて新田開発をして、新たに1500の村落を作ります。湖水の水辺の芦（あし）を抜いて、新田にと作り変えてゆきます。タミ（国民）

も豊かになり賑（にぎ）わいが戻って来ました。これは、「トのヲシテ」によって、新時代の経済社会が再び直り治まったと言う事になります。「ヰヤマト」が「トフル」の意味においての国号として「ヤマト」の名称が名付けられていました。さらに、マト（マコトであって生じてくるトのヲシテ）の教えというものは、日の出のように昇って出づる根本のモノですから、この意味で新たな国号に「ヒノモト」が称（とな）えられることになりました。しかしながら、旧国号の「ヤマト」の名称も同時並行して使用することになります。

このように、7代アマキミのイサナギ・イサナミさんは「トのヲシテ」に依拠し直すことがとても篤（あつ）かったのでした。そこで、さらに、要職にある臣を「オミ」と呼んでいましたのも、「トミ」と称するようになります。

「ト」の重要視には、さらに、深い歴史的な側面もありました。それは、2代目アマカミのクニサツチのトのミコトを指して意味している「ト」のことがあります。また、四方八方の方角に守りを齎（もたら）すカミのうちの南の守護の「ト」をも意味しています。

大宇宙の大初の始まりの際に、創造祖のアメミヲヤのウイをもって、世界の端緒が開かれました。それは、今では、キタノホシ（北極星）の方向に位置を辿ることが出来ます。その後の事に、初代アマカミのクニトコタチが現れます。また、キタノホシ（北極星）に準（なぞ）らえられます。その後の、代々のアマカミもキタノホシ（北極星）の方向に祭られますが、36番目に出現したトのカミ（ミコト）の秀でた治世において、ひとつの理想が見出されます。

つまり、トのミコトの治世とは、国民を豊かに恵みやわする理想の姿だったのでした。人々国民の本心から支持された治世です。それが、[章末注2]「トのヲシテ（トのヲシヱ）」の豊かな実現でした。治世の永遠の原理が「トのヲシテ（トのヲシヱ）」であることを証明したのでした。

アマカミ（古代の天皇陛下）のクライ（位）というのは、「トのヲシテ（トのヲシヱ）」に依拠して初めて高貴さが発光されます。尊さとは、このことでして、これを以って「ヒツギ（日継）」とも言うようになります。ミクサタカラ（3種の神器）のうちのひとつに数えられている、タマ（ヤサカニのマカリタマ）のそもそもの実体は、実のところは、「トのヲシヱ（トのヲシテ）」のフミ（文字・理念）であったのでした。何よりも、大切なのは、「ト」の理念なのです。

最も大切な理念は「ミクサタカラ（のちの三種の神器）」のうちの筆頭のタマのその精神である「トのヲシテ」です。モノザネの八尺瓊《やさかに》勾玉は、単なる象徴物であったことが、ようやく『ホツマツタヱ』などヲシテ文献の発見と現代研究で明瞭になりました。タマの本体は「トのヲシテ」の精神です。また、詳しく「トのヲシテ」の精神を記述してあるのが、『カクのミハタ（『フトマニ』など）』や『ミカサフミ』、そして『ホツマツタヱ』です。

「トのヲシヱ」の精神は、ヲシテ文字の「ト」の「」を見ると明瞭にわかります。だれにでもです。それは、縄文時代の前期や中期の人々にもです。

子音をあらわす「」（t音）の形状は、上から来たモノを集めてひとつに合わせるイメージです。ジョウゴか漏斗の形状です。集めるのが「」（t音）の意味合いです。

母音の方の「」（o音）は固める・固体のイメージです。5母音のそれぞれを見てみると尚良くわかります。「」（a音）は、ボーっとした気体です。「」（i音）は、気体がパチンと破れた状況を示します。変化をもたらすエネルギーであるともいえます。「」（u音）は、燃える、燃え盛るエネルギーそのものです。すべての原動力は、「」（u音）にあります。「」（e音）は、気体から液化したモノが重力によって流れ下ってくるさまを表します。物質の三態の気・液・固の、そのうちの液体の態になると、気

体よりも重力が強く作用します。気体の態から、液体の態に変化すると押し流す力（重力）は格段に強くなります。液体の「」（e音）の列に応じると、命令形の意味になるのはこのためです。

縄文時代の前期のころには、既に成立していたヲシテ文字は、わが国の独自の文字で、長い年月をかけて縄文哲学を基にして創られてきました。破綻がどこにもないのは、それだけ長年の知恵の蓄積があった証拠です。

縄文時代の末期におとずれた寒冷化で、人々の暮らしが悪化しました。世は乱れ、盗賊がはびこる時代になってしまったのです。国家の再建をするべき時代です。その国家の再構築への原動力に、国語の再編・再構築が必要であったのです。「アワウタ」の普及によって国家の再興がなし遂げられました。「アワウタ」は、7代アマカミのイサナギさんとイサナミさんの国家再建の事業の根底の拠り所であったと言うことが出来ます。国語を直す、そこから、国家の存立の基盤を作り直す。これほどにも壮大な構想の基礎が「アワウタ」にあったのです。

注1：お料理で使う片栗粉というのも、実は、カタクリの球根からの採取が元の語源です。縄文時代にはカタクリの球根から採った本物のカタクリ粉を使ってお料理をしていたのでしょうね。さぞかし美味であったと偲ばれます。わたくしも、まだ、試してみることも出来ないでいます。貴重品の絶滅危惧種だからです。縄文時代は自然に対する人間の営みの比率が少ないので、カタクリの球根だって採り放題の時代であったわけです。今、現代とは大違い。今では、そうはゆきません。希少植物のカタクリの球根を掘っていたら犯罪ものです。自然界よりも人間世界のほうが、大きくなってしまいましたので、縄文時代の昔よりも、わたくしたちはずっとずっとに控えめにしてゆかないと調和が取れません。それで、ジャガイモからのでんぷんを片栗粉と称して代用することになっています。

昔は、とにかくも豊かだったので御座います。代用品も無しで暮らせたのでした。これは時代の違いで御座います。ヒトの世界が巨大化したビックリの時代変化です。今では、そうです、ひとりひとりに、みずからの行動に自重が求められほどに、わたくしたちの生活の豊かさは向上しました。昔、縄文時代のころは、至って気楽でした。それは、物質・産物に乏しかったからです。今では、代用品が頻出してきてくれたおかげで物質的には豊かになった分、気を付けなくてはならない面も増えてきているのは、自然の摂理です。そうなのです、モトの縄文時代の貧しくともこころ豊かな時代には戻れません。これからの時代は、現代から、未来に向かってさらに時代革新を経てゆきます。そこに、トコヨのクニ建国の縄文時代からの知恵が根底に備わってこそ、より良い素敵な未来の世界を創ってゆくことが出来ます。

注2：「トのヲシヱ」と「トのヲシテ」の違いは、軽微な差です。「トのヲシヱ」は「ト」の精神自体を表します。

「トのヲシテ」は「ト」の精神でもあり、表現したヲシテ文字の「」を強く意識した雰囲気です。

4 カミはヒト、ヒトはカミなり

「カミはヒト、ヒトはカミなり」という言葉が『ホツマツタヱ』に記されています。わたくしたち現代人が読むと、ビビッと響いてくるフレーズです。

「神様」は、とかく崇める意識がわたくしたちには、埋め込まれてきているからです。幼い子供のころを思い出してください。悪いことをしたら、お母さんから言われたことがあるお方も多いでしょう。「カミサマに見られているよ」とか「お天道さまがご覧だ」と。また、物心が少しついてきたときには、「神様にお願いする」とか「神様のバチがあたる」とも今でもよく耳にします。

わが国の歴史は、幾層もの重層の歴史があります。物質界の生命の営みでもそうです。卵子と精子の合体から始まる子種の成長でも、幾重もの積み重なりがあります。単細胞の生命の時代を経て、魚類の時代を経たり、爬虫類の時代を経たりして、ヒトにと歴史をたどりつつ変化して赤ん坊になります。初期の段階の嬰児には、エラも見ることが出来るそうです。物事の発展には、歴史が積み重なっているのです。

　このことは、この世に生れ出て来てからの文化・文明を受容してゆく過程でも同じです。オギャーと生れ出てから、お母さんやお父さんなどから言葉を習い覚えます。その後に、文化の発展の歴史をたどりつつ、縄文時代の頃の思い（すでに、基層心理に入っている）、や弥生時代の頃の思い（すでに、深層心理に入っている）、を無意識に学んできていて、そのあと、飛鳥時代・奈良時代・平安時代の思いを学んできます。そのうちに、物心がしっかりとついてきて、書物による学びも備わります。そこには、わが国の縄文文明のあと、弥生時代の「ミヅホのクニ」が積み重なります。

　古墳時代の大発展があり、漢字が到来して外国思想の流入と浸食がかぶさります。さらに、平安時代には仏教思想が怒涛のように流行して神仏の混淆の時代を経ます。国家が韜晦してきた平安時代の中期には、現在の中国東北部の女真族（満州族）の海賊の刀伊《トイ》の来襲を十分に阻止出来ない事態になっていました。ひとり藤原隆家は断固反撃したのでした。いつの世にも、立派な人はいます。まことの英雄は実はやさしいのですね。清少納言と藤原隆家は、ジョークを言い合う間柄でした。清少納言が仕えていた定子さまの弟の藤原隆家に扇子のクラゲの骨の話のジョークを言ったことを『枕草子』に書き残しています。藤原隆家はジョークを笑って受けていました。

まだまだ、わが国の歴史は積み重なっています。鎌倉時代には仏教の禅宗がもてはやされます。安土桃山時代には、ポルトガルの宣教師が布教にやって来ます。もちろん、布教に名を借りたわが国への侵略の足掛かりです。ポルトガルの宣教師たちの真意を見抜いた豊臣秀吉は偉かったという判断がふさわしいでしょう。江戸時代にいたって、西欧諸国では百科事典ルネッサンスが起きます。世界同時代性の観点から、わが国でも、出版ルネッサンスが勃興します。津々浦々、庶民にいたるまで、知恵・知識が共有される時代になるのでした。『日本書紀』の刊本の刊行は、後陽成天皇のみことのりによって、慶長勅版（慶長2年~8年、1597-1603）が出版されます。それまでは、ほんの一握りの限られた人しか、『日本書紀』を目にすることもできなかったのでした。

明治時代になって、欧米文化に手放しで陶酔することも多くなりました。カソリック

→唐の盛んな時代の長安の再現図

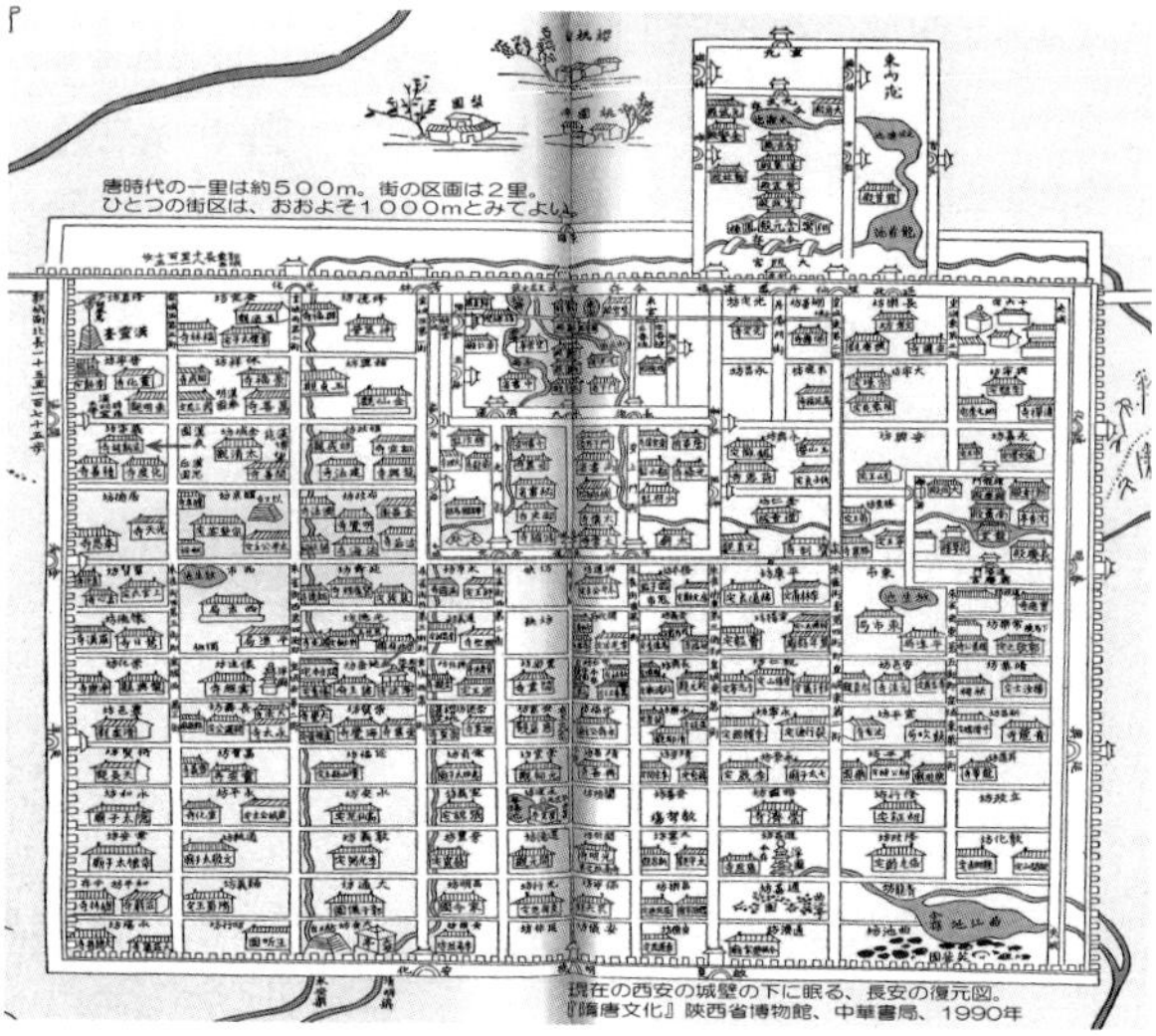
唐時代の一里は約500m。街の区画は2里。
ひとつの街区は、おおよそ1000mとみてよい。
現在の西安の城壁の下に眠る、長安の復元図。
『隋唐文化』陝西省博物館、中華書局、1990年

などのキリスト教の感覚を、上質で良いものとする雰囲気が広がってきました。かつて、単純なキリスト教的な崇め思想は、何度も排除してきていたのがわが国の文明でした。これが、大文明なるゆえんです。豊臣秀吉や徳川家康の判断について、もう一度よくよく考え直してみたいものです。　と、言うのも、もっと古い時代の、弘法大師と称賛され評価される前の空海が、Ｃｈｉｎａに行って見聞きした中に、キリスト教は大流行していたのでした。でも、空海は、このキリスト教を、そのままには受容はしませんでした。仏教にアレンジしたのです。密教

← 盛唐の長安の拡大図（波斯胡寺《ペルシャ》の付近）

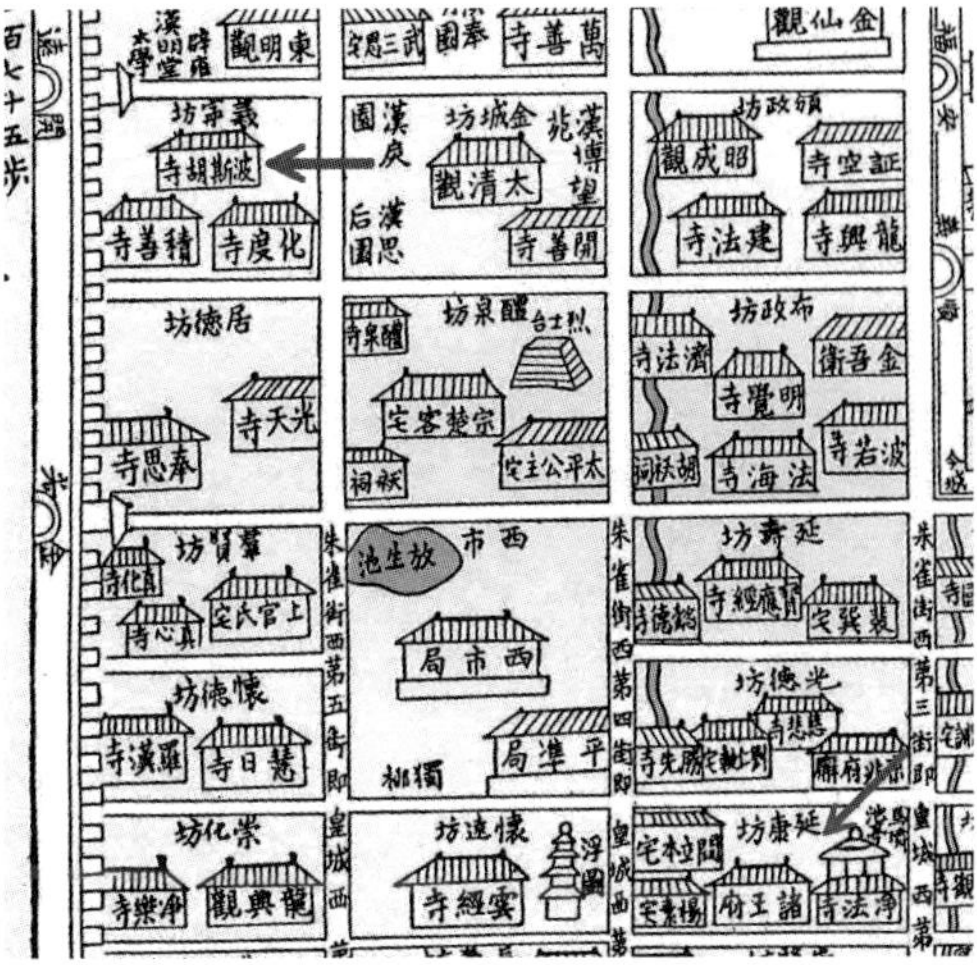

として。

当時には、キリスト教のネストリウス派が景教として、Ｃｈｉｎａで大流行していたのでした。大陸に渡った空海が見知らないでいたわけがない、と、わたくしは思います。

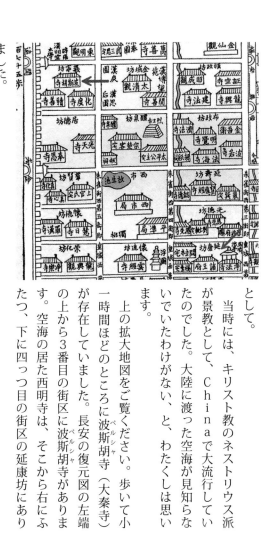

上の拡大地図をご覧ください。歩いて小一時間ほどのところに波斯胡寺《ペルシャ》（大秦寺）が存在していました。長安の復元図の左端の上から3番目の街区に波斯胡寺《ペルシャ》があります。空海の居た西明寺は、そこから右にふたつ、下に四っつ目の街区の延康坊にありました。

わたくしが、もしも空海（774～835）の立場であったら、大流行の新興宗教には興味津々で、二回や三回は波斯胡寺《ペルシャ》（大秦寺）を覗いたはずです。

つまり、知っていたのですよ、空海は。

このことは、宗教学をおさめたエリザベス・アンナ・ゴルドン（Elizabeth Anna Gordon 1851-1925）も早くに唱えています。『弘法大師と景教』（明治４２年、丙午《へいご》出版社）ゴルドンさん著、高楠順次郎訳のこの著作は、国立国会図書館でデジタル公開されています。だれでも、無料で見ることが出来ます。高野山の奥の院に「景教碑」のレプリカを建てたのがエリザベス・ゴルドンさんです。明治４４年(1911)のことでした。「景教碑」は、唐の建中２年（７８１）に建立されて、唐末の弾圧で土中に埋められました。掘り起こされて再発見されたのが、１６２５年の事でした。わが国の年表では江戸時代の始めの頃になります。

空海の密教傾倒は、経典宗教のキリスト教のネストリウス派に範をとってのことだと、わたくしも推考します。

←高野山の奥の院に建てられた「景教碑」のレプリカ

先人の遣隋使の人達からネストリウス派のキリスト教のうわさは聞いていたはずです。ネストリウスはＡＤ４５１年に没したとされています。唐の貞観９年（635）に宣教師「阿羅本《アラホン?》」が、長安に外賓として招かれています。『古事記』の書かれる和銅５年（712）よりも、もっと前の時代でした。だから、『古事記』はキリスト教的なのですね。

つまり、キリスト教の経典宗教の来襲は、わが国に過去、幾度も幾度もあったのです。現代でもそうです。明治時代にもあり、安土桃山時代にもあり、もっと遡ると、空海の時代にもあり、すでに『古事記』には、キリスト教ネストリウス派の教義が深いところに埋め込まれていたのでした。

「イエスはキリストなり」・「唯一神は父と聖霊との三位にて一体の神なり」とする説を信仰するのが主な教義でした。いま、わたくしたち現代人が聞いても、わかったようなわからないような教義が主でした。つまり、信仰なのです。信じれば、救われる、の原理です。未開文明の社会ならいざ知らず、大文明の縄文文明建国の我が国に、すんなりと受容されるはずがないのは、太陽が東から昇ってくるのを疑問に思うほどに、まず有り得ないことでした。それが、漢字の国字化や、儒教・仏教の受入の歴史を重ねるうちに、わが国の「縄文建国」の光彩はひどく劣化をしてきていました。そこに、黒船来襲によって、いよいよ、経典宗教にも門戸を開いてしまったのが現状です。さて、本当の我が国の高貴はどこにあったのでしょうか？　また、これから、どうしてゆくべきでしょうか？

それほどにも、紆余曲折をたどってきたのが、わが国の歴史です。

縄文時代のだれにでもわかる哲学から、新来の、「信ぜよ、しからば救われる」の信仰の宗教にと、さまざまです。韜晦の中世の時代のような、あやかしの幻惑を振りまく人達は現代にも多いので、ご注意されて頂きたいと思います。「直訳偽書の秀真伝《しゅうしんでん》」で、漢字以降の概念におとしめて取り込もうとするのは、大間違いです。

せっかくの、わが国の固有文字のヲシテが発見されたのです！！！

つまりのところ、漢字以前の時代の「縄文哲学」は、経典宗教のような、見えないものに対して這いつくばるような、無様なありさまではありませんでした。時に、アマテルカミ《アのミコトノリ》は自然神のウツヲカミ（ウツロヰ）に対して、「そんな情けないヤシロはつぶして《ひしげ》しまえ」とおっしゃっておられました。『ホツマツタヱ』21アヤ52ページに出典しています。

フトマニの　アコケはしわさ
ウツヲカミ　ときみことのり
ウツヲカミ　やしろとさして
アメにつく　アのミコトノリ
なさけなき　ヤシロひしけと

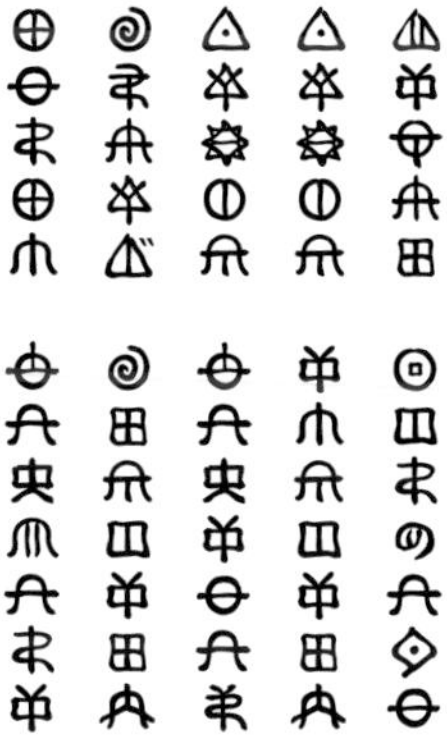

ウツヲのカミ《ウツロヰ》が、ミマコ（皇孫ニニギネ）の新しく立てたおミヤの垣根に雷を落として破損させました。せっかくに祭ってやっているウツロ井《自然神ウツロヰ》のヤシロは、悪さをするなら祭ることはない。ひしいで《つぶして》しまえ！　と、アマテルカミ《アのミコトノリ》はおっしゃいますのです。『フトマニ』にウラナイますと「アコケ」の項目が出てきました。

アコケ

アのコケはよこやし
るやもハサラなせアコ
ケくるまのめくりあ
らねは

『フトマニ』の「アコケ」の項目を勘案しましたら、ウツロヰの仕業であると想像されました。その報告をお聞きになられたアマテルカミは、「なさけなき　ヤシロひしげ」とミコトノリを出されます。アマテルカミは、自然神のウツロヰを配下の位置に考えておいででした。

ついでながら、難解な『フトマニ』の文面です。「アコケ」の項目を、現代的に活用すべく解説しましょう。

「根拠をしっかりと立てて下さい。最悪の事態を想定して、ここさえ守れば大丈夫とい

う線をあらかじめ覚悟しておけば良いのです。これで、何があっても動じることはありません。

常に「アメの巡り」は変化しています。赴きゆく方向は定まりがたきことが常です。それは天地開闢の初めからの成り立ちに基因しています。ウツホをアメミヲヤ《大宇宙の創造の祖》がイキで吹いたのが始まりです。　ふわふわ・グルグルと回転しながらクニタマも形成されたのでした。極めて偶然のなせるわざなのでした。

今も、常に変化し続けています。恒常的に変化する世界に生きている私達です。どのように順応するか？　です。

どんなことがあっても、崩れない。こんな気持ちで事前準備をしておけば安心です」

大宇宙の発生も、成り行きからの事々です。成り行きから次につながってゆく変化を、意思を持つＧｏｄからの指示だとして崇めるのは、おかしい話だと思います。成り行きから、すべては広がり発展する、と言う感覚が「縄文哲学」の基本理解です。

奇跡の書物『ホツマツタヱ』などヲシテ文献の発見と現代研究から、思ってもみなかった漢字以前の大文明の存在が、ここ、数十年で判明してまいりました。単に「カミ」、この言葉を、あるいは「神」・「かみさま」「神様」と直訳したら、思想概念での混乱を招きます。これが、「直訳偽書の秀真伝」の発生の原理です。偽書は、それこそ、百害あって一利なしです。インチキは、もう、沢山です。

275 解説　『ホツマ辞典 改訂版』（池田満、展望社）

アマカミの表

区分	名号			参考		
				区分	社会状況	統合宝璽等
	初代	クニトコタチ 2-3		草	住居・木の実栽培	トノヲシテ マサカキ暦
	2	クニサツチ（トホカミヱヒタメ） 2-4				
	3	トヨクンヌ 2-5		期	稲作試作	
カ	4	ウヒチニ・スヒチニ 2-6		初	稲作導入	トツギ（結婚）のノリ
	5	オオトノチ・オオトマヘ 2-15				
	6	オモタル・カシコネ 2-16		期	農耕生産の減衰	オノで罪人を斬る
ミ	7	イサナギ・イサナミ 2-19, 4-39			畜力耕作普及	トとホコ
	8	アマテル 6-7		中	ハタレの乱 高度の農耕技術	トとカガミとツルギ（三種神器） ヒヨミノミヤの設置
ヨ	9	オシホミミ 11-1				
	10	ニニキネ 24-6, 24-93	ホノアカリ 20-5, 24-93		灌漑事業による新田開発	二朝廷並立時代
	11	ホオテミ 26-25	ニギハヤヒ 27-14	期		
	12	ウガヤフキアハセス 27-31				
	第一代	タケヒト（神武） 29-66				アスス暦始まる 二王朝の統合がなされる
	第二代	カヌガワミミ（綏靖） 31-40				
	第三代	タマテミ（安寧） 31-61				
ヒ	第四代	スキトモ（懿徳） 31-75		後		
	第五代	カヱシネ（孝昭） 31-83				
ト	第六代	タリヒコクニ（孝安） 31-95				
	第七代	フトニ（孝霊） 32-1				
ノ	第八代	クニクル（孝元） 32-33				
ヨ	第九代	フトヒヒ（開化） 32-49				
	第十代	ミマキ（崇神） 33-2		期	疫病の流行 古墳時代が始る	隣国との本格的な外交が始まる
	第十一代	イクメイリヒコ（垂仁） 35-2				
	第十二代	ヲシロワケ（景行） 38-1				

カタカムナは偽書です。

竹内文書も、偽書です。富士古文書も偽書です。その他にも、根拠の無い偽書は多くあります。ためにする偽書です。かえって、わが縄文建国の文明に対しての自虐におちいる困りものです。竹田恒泰さんも中学生のころ「ムー大陸」に興味を持っていたと聞きました。だれでも、そういう時期を通ります。「ムー大陸」「神代文字」などのあやしげのなかから、真実の書物の『ホツマツタヱ』などヲシテ文献の発見にと、至る道筋は容易なことではありません。

『ホツマツタヱ』などヲシテ文献は、「偽書」ではありません。『古事記』『日本書紀』と原文比較をして、その原書であることを突き止めました。『古事記』『日本書紀』の原書が『ホツマツタヱ』などヲシテ文献です。詳細な対比比較の書籍を上梓しました。『定本《ていほん》ホツマツタヱ ―『古事記』『日本書紀』との対比―』（池田満、展望社）を出版して公表しています。

そうして証明しています。あとは、皆さまのご評価をお待ちしているところであります。

大きな枠組みを示しておきましょう。みっつの提示です。

1、「漢字渡来以前に、わが国は大文明国家であった」
2、「縄文建国それも縄文時代前期の中葉の時代での建国であった」
3、「わが国には、漢字以前に、縄文時代から続くヲシテ文字があり、5・7調の公式文体が縄文時代の末期には成立していた」

さてここまで、ややこしいことにおつきあい願えましたら、漢字以前の我が国の大文明に、ほとんど近くなってまいりました。

ざっと、大きな流れをダイジェストに見返しておきましょう。記紀原書としての根拠から、次のようにまとめることができます。

まとめ1

○縄文時代前期の中葉のころ　わが国の建国が為された。（縄文建国、初代クニトコタチ、トコヨクニ）
○縄文時代中期には巨大な建築物が建てられてくる。（3代トヨクンヌ）
○縄文時代末期に寒冷化が訪れる。（6代オモタル）

○縄文時代末期から、水田稲作が全国に広がる。（7代イサナギ）
○縄文時代と弥生時代のはざまで8代アマテルカミが活躍する。
○弥生時代の発展期に10代ニニキネが活躍する。（井堰《イセキ》と灌漑《イ》用水路《カワ》の整備）
○弥生時代の前期にタケヒト（神武天皇）ヤマトウチがなされる。
○古墳時代の始めに、箸墓《ハシツカ》が建造される。（人皇10代崇神天皇、アスス631年、ホ**34**-18）
○そして、それからはヲシテ文献の記載からののちの時代になる。（人皇12代景行天皇56年、アスス843年で、『ホツマツタヱ』の記述の終焉）
○古墳時代のなかばごろ、（人皇16代仁徳天皇のころ）に、漢字の国字化がなされる。

まとめ2

漢字が国字化されてからの歴史は、読者の皆様も詳しくご存じでしょう。儒教や仏教が相次いで導入されて来ます。舶来を尊ぶ思想背景には、白村江での敗戦が重きをなしていました。そして、約1200年がたちます。黒船来襲で、「蒸気船　4杯で夜も寝られず」（泰平の眠りを覚ます上喜撰（じょうきせん・上質の煎茶の品種名）たった四はいで夜も寝られず）の世の中になり、西欧文化に圧倒されてしまいます。空海の時代以降、崇めの宗教には一線の区別をしていた敷居も、ガクッと崩れて低くなってしまったのが、黒船来襲の真相でした。

安土桃山時代には「耶蘇《やそ》教」とか「天主教」とか言って異端視していたモノが、無条件に高位の「宗教」にランク付けされるようになります。

こうして、わが国には、伝統の祖先をうやまう習俗に加えて、儒教や仏教がかぶさってきて、その反動で「神道」も生まれてまいりました。奈良時代の国家の安寧を祈願する仏教から、個人個人の安寧・幸福・解脱を祈願する仏教にと変身してきます。さらに、平安時代の末頃には末世思想の蔓延に仏教が俄然もてはやされます。そして、武力の武家の時代を経て、現実的な江戸時代に入ってゆきます。江戸時代の発展期を経て、さらに江戸時代の末期幕末の時代、黒船来襲以降に、キリスト教の受容がされてきました。この反動には、『古事記』を基にした「皇国史観」の勃興がおきます。

そもそも、『古事記』は、キリスト教のネストリウス《景教》派の教義が色濃く反映された書物

←『古事記』最古の写本の真福寺本

臣安萬侶天地初發之時於高天原成神名天之御中主神訓高下天云阿麻下效此次高御產巢日神次神產巢日神此三柱神者並獨

です。『日本書紀』と原文比較すると、『古事記』はキリスト教的であることが判明します。下は、『日本書紀』です。国常立尊が初発のみこと《美挙等》です。右の『古事記』では天上世界《高天原》の天之御中主神が初発の神です。『日本書紀』の尊は、人ともとれます。『ホツマツタヱ』などヲシテ文献の記述に沿ったとも言える表現です。しかし、『古事記』の天上世界《高天原》の天之御中主神は、景教《キリスト教》的であるデウス《God》そのものの写し取りに

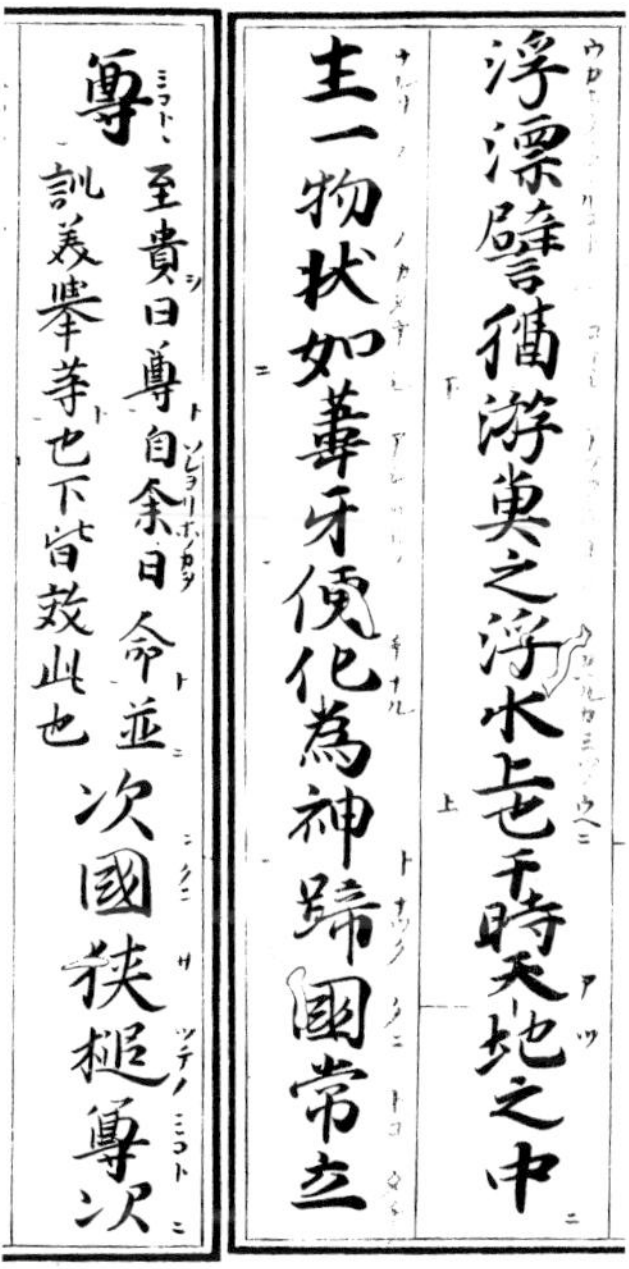
浮漂譬猶游魚之浮水上也于時天地之中生一物状如葦牙便化為神號國常立尊至貴曰尊自余曰命並訓美挙等也下皆效此也次國狹槌尊次

→『日本書紀』丹鶴叢書本

見えませんでしょうか？　『古事記』は、景教の思想ナイズの書物だという根拠です。幕末・明治の時代に押し寄せてくる欧米の文化併呑の波に、同様の同根の思想において、7世紀の初頭のころに書かれた『古事記』が対処し得たことは、望外の幸せであったのかも知れません。さてもさてもちょうど、ワクチンのような感じであると判定できましょう。わが国は、大きな犠牲を払いつつも、国語を奪われることもなくてどうにかこうにか、独立を保つことが出来ました。そして、アジアの他の多くの諸国の独立も実現し得たのでした。

さて、もっと深い意味の「カミはヒト、ヒトはカミなり」の言葉もありました。この用例は、『フトマニ』にもありました。「ヲ・ヨロ」の項目の典拠を掲げます。『古事記』の「神」の言葉と、ヲシテ文献の『フトマニ』の「カミ」の言葉とは、それぞれの概念に大きな違いがあることに、お気付き頂けることでしょう。『フトマニ』は、ウタの記し方が、特別です。左右が対象になるように、3文字・9文字・10文字・9文字・3文字で、題の3文字に続いて31文字のウタが分かち書きされます。見るからに美しいです。

慣れるまでは、読むのが難しいのは、高度な文化だからです。

ヲ ヨ ロ
ヲにヨロのココロは
ウチのサコクシロうむ
ヒトはカミカミはヒ
ト な り

「ヲ・ヨロ」の項目の文面のうちの「サコクシロ」の言葉は哲学的な用語です。ひとことで言いますと、「生まれ変わってくる道筋」を意味します。ウチはアマテルカミを意味します。つまり、アマテルカミがお拓きになった哲学に「サコクシロ」の言葉はありました。生まれ変わりのサコクシロをアマテルカミはどう活かすか、人生に。そのことを、追想します。真理が次々と判ってまいります。今現代もそうです。その新たな真相・真実を、今現在から未来に向かってどういうように活かしてゆくか、活かしてゆけるか？ この

ことが、後世からの評価の分水嶺です。どういう学問でも、これからどうやって活かしてゆくか？　この観点を忘れると救いようにも仕方のないモノになってしまいます。

さて、『フトマニ』の「ヲ・ヨロ」の項目は、すごい御歌でまとめられていました。わかり易く、未来展望にとまとめた文章をご覧ください。

「輝き光る人は「カミ」ですね。「カ」は来たり輝くさまを言い、「ミ」は成り出づるもののことを言います。輝いて、それぞれの人生の刻々たる時を美しく楽しみましょう。

アマテルカミの晩年は、ウチ《（伊勢神宮の内宮）》におわしまして、人々に教え導くことをして下さっていました。「ヲ」はアマテルカミの許の意味です。アマテルカミはヲヲンカミと尊称されていました。「ヨロ」は多くの人々が喜び集うことの表現です。

ヒトは「アモト《（大宇宙の中心）》」から、魂の本体の「タ　マ《（ヒトのこころの本体）》」が降されて来ます。それに、地球上の物質が寄り集まってヒトが形成されます。地球上での生活を楽しんで、寿命が尽きれば、また、「アモト《（大宇宙の中心）》」に、「タ　マ《（ヒトのこころの本体）》」は帰ってゆきます。そして、こころが素直であったなら、早く再び地球上へと生まれ戻ってくることが出来るのです。　この生命《いのち》の循環を「サコクシロ」と表現していたのでした」

「サコクシロ」この言葉は、ヲシテ文字で見ると、その深い精神的な趣きが窺い知れます。

「〓〓〓〓〓《サコクシロ》」のイメージを縄文文字ヲシテで考えてみましょう。

「〓《サ》」は、広がるイメージです。上方の宇宙から降り来たモノが、横棒の「一」に当たって茫洋として広がるさまを表しています。すべて、ヲシテ時代の言葉は、ヲシテ文字から造語が為されています。「〓《コ》」は、繋がり固まるイメージです。上方の宇宙から降り来たモノが、縦棒の「｜」によってすんなりと繋がって固まるさまを表します。「〓《ク》」は、今まさに繋がるイメージです。上方の宇宙から降り来たモノが、縦棒の「｜」で導かれています。「〓《シ》」は、広がるイメージです。上方の宇宙から降り来たモノが、横棒の「一」にぶつかって今まさに広がり為さんとする状況を表します。「〓《ロ》」は、シャワーのように振り撒きの決まった状況を示すイメージです。

「〓〓〓〓〓《サコクシロ》」の5文字の言葉で、生まれ変わりの道筋を示していることが判ります。

今現代にも「やまとことは」は、「〓〓〓〓〓《サコクシロ》」の言葉ひとつとってもわかるように「縄文時代建国」からの素晴らしい高貴を保っていたのです。

5 長寿の事

『魏志倭人伝』にも、信用できる記事が書かれていました。

知正歳四節但計春耕秋收爲年紀見大人所敬但搏手以當跪拜其〈委志三十〉〈三十八〉人壽考或百年或八九十年其俗國大人皆四五

「其人《日本人の》壽考《寿命考えるに》、或百年。或八九十年」と、記されていました。Ｃｈｉｎａの魏のころ（AD 230ころ）にも、わが国での寿命は特筆するべくの長寿であったわけでした。百歳や８０歳９０歳もザラに見ることが出来たのです。これを、現在に活かさない理由はありません。

さらに遡ると、ヲシテ時代の末期には、もっと長寿の事がわが国の文献に見出せます。

つまり、200歳越えの人物が実在していました。ヲシテ時代の末期にもです。ヲシテ時代の末期は、考古学で言う古墳時代です。歴史的に、古墳時代なら、かなり確実性が高いです。その時代に200歳越えのお方のおふたりが、確実に居られたのです。もっと、すごいことでした『魏志倭人伝』よりも、もっと古代に遡ったら、わが国はさらにさらに長寿の大文明国だったのでした。この高貴さが、『古事記』『日本書紀』に奪い去られて1300年余りが過ぎました。今、やっと、雪辱の狼煙《のろし》を挙げることが出来ます。

『ホツマツタヱ』と『ミカサフミ』の奉呈文に記した自分の年齢ですから、あだや疎《おろそ》かな嘘は書かないはずです。その、長寿のおふたりとは、ヲヲカシマさんとオオタタネコさんのおふた方です。共に、晩年に大仕事を志されました。ヲヲカシマさんは『ミカサフミ』を最終編集されまして、その最終編集が終わったのが御（おん）歳（とし）247歳でした。オオタタネコさんは『ホツマツタヱ』の最終の編集をなされました。40アヤに纏（まと）められたのです。『ホツマツタヱ』のこの最終編集を終えられたときは、タタネコさん、お歳が234歳でした。なんと！　おふたり共に驚くべきご長寿です！

そのこと、昔からわたくしは不思議でなりませんでした。でも、先年に国語の研究者の当時103歳の大坪併治《へいじ》先生に拝眉の機会を賜ってからは、物の見方が変わってまいりました。大坪併治先生は、椅子が足りないねって、ひょいとテーブル越しにお渡しくださいました。少年のようなお心で今日はこんな発見をしたんだよ！って、わたくしにおっしゃいますのです。帰り際には、「ご満足なさいましたか？」と、お聞きくださるお気の使われかたをなさって下さいました。あー、そうか！　お若さの秘訣はいつも少年の心を持つ事だと、教えて頂いたような気がしました。

さて、ヲシテ時代の末期のご長寿のおふたり共のご長寿の本当の秘訣は「為し行く仕事への熱意と完遂のための工夫」と考えてはどうか？　大坪併治先生は、９０歳からパソコンを始められたとお聞きしました。目標があると、人はそこを目指します。生き甲斐が生まれます。健康維持にも気持ちが向きます。大坪先生の研究は二本柱で、擬声語の研究と、昭和の時代に新発見の資料の訓点《くんてん》による平安時代の言葉の解明です。

大坪併治先生の擬声語の研究は、ご生涯を閉じられるまで続けておいででした。だから、いつも、若々しくいらっしゃいました。見習うべきだと思いました。そして、平成２７年には、『平安時代における訓点語の研究』上下巻（大坪併治、風間書房）を１０５歳で出版なさいました。まさに現代にもある、ギネスものです。残念なことに平成３１

年（2019）4月16日に逝去なさいました。令和を迎えるには、あとたった半月だったのが返す返すも残念なことでした。

わたくし（池田 満）の若い時からの取り組みは、『古事記』や『日本書紀』の原書をまじめに再顕彰してゆくことです。記紀の原書ですから、まじめに取り組むやり方です。『古事記』・『日本書紀』との比較検討にはじまり、思想上の遡及にも考えが及んでまいります。すなわち『古事記』『日本書紀』の記・紀を元とした従来然の「国学」を放擲するのが正当な道筋だとわかります。「オールド国学（記紀根拠の国学）」はすでに一定の役割を果たし終わりました。これから私たちの進むべき道は、記紀原書を元にしての本当の「国学」を樹立してゆくことが、本来の目標になることが当然の帰着だとわかってまいります。創ってゆくべき新しい「国学」を、これを「ヲシテ国学」と命名しました。『ホツマツタヱ』や『ミカサフミ』などヲシテ文献の研究に志してから、数年のうちにわたくしは理解して大悟した内容です。このあたりで、道は、幾つかに別れ行きます。記紀の原書だからその格式を重んじてまじめに進めてゆこう。と考えるのは、少数派でした。今も、おおよそそういう割合が相場なのでしょう。

「直訳してばっと広めたらいいんじゃない、商売にもなるよ！」と捉える派が大部分の割合でしょう。こういう、直訳の安易な人たちが、これまで過去50年来に、何をしてきたかというと、それは、真書を「偽書」に貶める行為だったのでした。安易な直訳で表現をしている人達がツールとして使っている辞書が、江戸時代はおろか明治時代ごろから作られたものばかりです。そういった漢字文献を基にしたような辞書を使って翻訳するのですから、至る所に、江戸時代以降の概念が振り撒かれます。そのような直訳の文章は、ちょっとまともな人が読めば「あ、これは、江戸時代以降に書かれたものだ」という、そういう結論になります。「直訳偽書の秀真伝《しゅうしんでん》」です。それで、『ホツマツタヱ』の偽書説が広く流布されてしまいました。安易な直訳が創った、時代の引き下げの効果が、その悪影響を如何（いか）んなく及ぼしてしまっていました。安易さに道筋を求めると、ひどいことになるので御座います。まさに、売国的であると言うべきでしょう。今時にもなると英語の啓蒙家でも、さすがに、今はもう、カタカナ英語しか読めない人は皆無にもなりました。でも、明治の初期にはカタカナ英語の人もそれなりに尊敬されて一目置かれていたのです。ビックリです。さしずめ、ホツマ文字というかヲシテ文字の読めない人、ホツマ文字というかヲシテ文字を書けもできない人が、大手を振って「専門家」のような顔をするのは大間違いですね。明治は遠くなりにけりです。

もう、英語の教育環境は明治の時代を遥かに過ぎたので、カタカナ英語は影が薄くなりました。『ホツマツタヱ』や『ミカサフミ』などヲシテ文献の方は、まだまだ、現代発見・現代研究の開始から年月も浅いです。昭和から平成、そして令和にと、まだ三代です。御代を多くは経ておりません。これからの事で御座います、世の選択の過程は。直訳に毛が生えたような人たちも多く出現しております現代の風潮です。道を尋ねるにも、ホツマ文字というかヲシテ文字のその使われていた時代の5・7調の文章を原字の原文ですらすらと読み書き出来るのかどうか？　その「ヲシテの学力」を検査《インスペクション》してみてください。

ヲシテ文献の専門家というに足りるのかどうか？

『ホツマツタヱ』や『ミカサフミ』などヲシテ文献は、原文にある程度親しまないと、漢字の持つ厚い壁は破ってゆけません。それを「漢字の持つ音速の壁」と、わたくしは表現してきました。日本ヲシテ研究所で、「ヲシテの博士号」も認定してゆくべきか？とも考えております。

6 ウタの神秘、アワウタは長寿をつくる

「アワウタ」には、元気で病気知らずという効果があるといわれていました。「アワウタ」で、健康長寿の長生きができるのです。

『ホツマツタヱ』の1アヤに確かな典拠があります。1アヤの3ページを見てみましょう。『記紀原書ヲシテ増補版』上巻の行番号201008からです。

卆《五》とし《歳》フユ　ヲはハカマきる
メはカツキ　コトハお《を》なおす
アワウタお《を》　つねにをしゑて
アカハナマ　イキヒニミウク
フヌメエケ　ヘネメオコホノ

モトロソヨ　ヲテレセyeツル
スユンチリ　シyiタラサヤマ
あわのうた　カタかきうちて
ひきうたふ　おのつとコヱ《声》も
あきらかに　井《5》くらム《6》わたヲ《タマのヲ》
ネコヱわけ　フソヨ《二十四》にかよひ
ヨソヤ《四十八》コヱ《声》　これミのうちの
めくりよく　ヤマヒあらねは
なからえり　すみゑのヲキナ《カナサキ（スミヨシ）》
これお《を》しる　ワカヒメ《ヒルコヒメ》さとく
カナサキに　キツサネ《東西南北》のナの
ゆゑお《を》こふ　ヲキナ《カナサキ》のいわく

『ホツマツタヱ』の初めの1アヤに、「アワウタ」の効用が高らかに歌い上げられています。今に伝わる七五三《しちごさん》の行事の元がヲシテ時代の中期に、8代アマカミのアマテルカミの頃からおこなわれていたのでした。のちの時代に、漢字国字化時代になって、3歳「髪置《かみお》きの儀」、5歳「袴着（ハカマぎ・ちゃっこ）の儀」、7歳「解帯（おびとき）の儀」に名称も変化してきて、現代では一般にも七五三の行事になりました。七五三には付き物の千歳飴の袋のデザインに右にヲ　キ　ナ《教えるぐらいの立派な男性》と、左にヲウナ《立派な女性》が配されているのも『ホツマツタヱ』などヲシテ文献に出典している「すみゑのヲキナ《カナサキ（スミヨシ）》」を伝えるもののようです。

伝統って、伝わるものですね。

ワカヒメさんを引き取って育てたのが、カナサキさんとヱシナスさんの夫婦でした。つまり「すみゑのヲキナ《カナサキ（スミヨシ）》」です。それで、千歳飴にもヲ　キ　ナ《教えるぐらいの立派な男性》と、左にヲウナ《立派な女性》なのでした。

イサナギさんとイサナミさんの長女に生まれたのがワカヒメさん（ヒルコヒメ）でした。今に言う厄年（アメのフシ）に当たっていたので、捨て子にして、他の人に育ててもらうことになりました。親の厄年（アメのフシ）産まれの子があると、父母に病気が起きやすいので、その予防のためです。そして、ワカヒメさんの育ての親にと依頼されたのがカナサキさんでした。折しも、幼子を亡くして意気消沈していたカナサキさん夫婦にも、気力を取り戻すとても良い機会でした。

カナサキさんは、のちにスミヨロシの褒め名を、アマテルカミから頂戴します。カナサキさんは、スミヨロシともスミヨシとも呼ばれます。九州にクニカミとして赴く前は、今の畿内のナカクニのクニカミでした。現代の大阪の住吉大社がかつての本拠地であったようです。奈良の春日の杜《もり》も、カナサキさんのものでして、ヲキナがモリと呼ばれていました。広田神社や浜の南のミヤ（今の西宮神社）もカナサキさんのものでした。

カナサキさんがワカヒメさんを育てる際に、5歳から「アワウタ」を教え始めました。アワウタは、国語音韻の48音図を基に詠《よ》まれたウタです。

アカハナマ　イキヒニミウク

フヌムエケ　ヘネメオコホノ
モトロソヨ　ヲテレセyeツル
スユンチリ　シyiタラサヤワ

一見一瞥すると、ヘンな不思議なウタにも見えます。ところが、本質のところは、そうではありませんでした。本当のところ、実に論理的な側面が備わっている優れたウタです。

次ページの「四十八音図表」の一行目は、「あかはなま」の5音で一区切りにして下さい。二行目に「いきひにみ」と三行目の「うく」までの7音を続けて下さい。そのあと「ふぬむ」と、四行目の「えけ」を続けて下さい。そのあと「へねめ」と五行目の「おこほの」を続けて下さい。

これで、半分完成です。２４音までの「アカハナマ　イキヒニミウク　フヌムエケ　ヘネメオコホノ」です。

あと半分。五行目の下の「もとろそよ」で一区切りにして下さい。そのあと「を」に続けて四行目の「てれせye」と三行目の「つる」までを続けて下さい。そのあと三行目

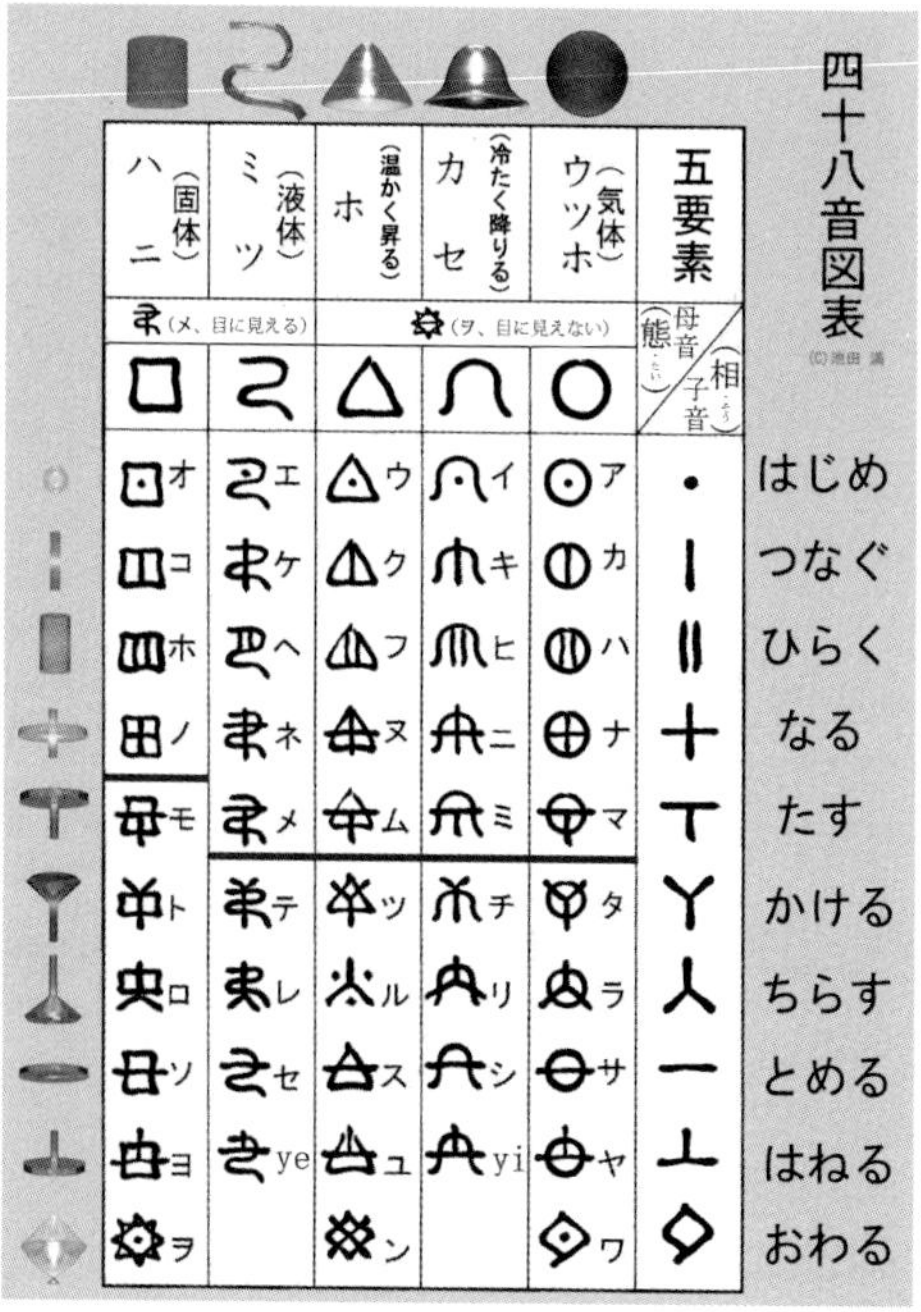

の「すゆん」と二行目の「ちり」を続けて下さい。そのあと二行目の「しyi」を続けて下さい。そして最後の5音の一行目の下の「たらさやわ」を続けると。「アワウタ」の後半の「モトロソヨヲテレセyeつる スユンチリ シyiタラサヤワ」が出来上がります。つまり、「48音図」を唱えやすく詠んだのが「アワウタ」です。

「アワウタ」は論理的なウタでした。極めてロジカルで理知的なウタです。哲学的とも言えましょう。それで、「縄文哲学」と命名しました。呪術やシャーマニズムなどではなかったのでした。わが国の漢字以前の時代は、「縄文哲学」に基づいた大文明だったのです。ビックリしますが、わが国の漢字以前の文明の偉大さは、全世界の同時代的な比較においても比較もできないほどに突出して傑出した域に達していたのです。

それが証拠には、縄文時代の発掘品にピカソ級の芸術品がたくさん見つかっていることがわたくしたちの眼前に起きています。わが国の漢字以前の古代には、大芸術家の「ピカソ」がそこらじゅうに居たのです。それほどの大文明です。Ｃｈｉｎａの漢字の来る前にすでに大文明だったのです！

「アワウタ」の教育

わが国で7代アマカミのイサナギさんとイサナミさんの頃から、5歳から「アワウタ」教育を始めていました。七五三の風習に残るのが、5歳の「袴着（ハカマぎ・ちゃっこ）の儀」です。「アワウタ」が、学び始めのひと過程です。「アワウタ」は、暗唱も、書き取りも、暗記もして下さい。ヲシテ時代の中期のアマテルカミの時代には、幼児教育の

← 三重県津市の松原の海岸

← キノコのショウロ《松露》

必須の事柄が「アワウタ」でした。

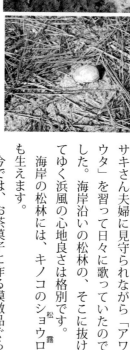

ワカヒメさんは、西宮の海岸にカナサキさん夫婦に見守られながら「アワウタ」を習って日々に歌っていたのでした。海岸沿いの松林の、そこに抜けてゆく浜風の心地良さは格別です。海岸の松林には、キノコのショウロ《松露》も生えます。

今では、お茶菓子に作る模倣品ぐらいで目にするのが精一杯ですが、昭和の初期には大阪の堺の住吉大社の海岸や、その近くにもキノコのショウロ《松露》は沢山生えていて美味しかったと、古老に教えてもらえました。実際のところ、本物のキノコのショウロは、お塩を少し入れた澄まし汁にすると、とてもおいしいです。上品な味ですので、淡い塩味だけの味付けが一番そぐわしいように思います。これは、何回もショウロの料理をしてきての、わたくしの思う感慨です。ショウロは上品な味です。漢字以前の時代のショウロの呼び名がまだ判らないのはさびしいです。そのショウロの楽しみも、アキとハルにあります。実際にも現代にわたくしも津市の浜辺に、キノコのショウロを採って楽しんでいます。採取の道具のキモは、熊手です。竹の熊手が使いやすいです。千歳飴のオキナが手にしているのが、やっぱり竹の熊手でした。

今も昔、昔も今も人間することは、それほどには変わろうはずもないのが真実のところでしょう。

アカハナマ　イキヒニミウク
フヌムエケ　ヘネメオコホノ
モトロソヨ　ヲテレセyeツル
スユンチリ　シyiタラサヤワ

ワカヒメさんもそうでした。「アワウタ」48音韻の、今でいう、いろは歌は、覚えるのが必要です。簡単ですからね。頭のよい人なら5分で覚えます。まあ、急ぐことはな

← 弥生時代ごろの広田神社（『西宮市史』）

いです。

何回も歌って覚えます。それが古典です。楽器の演奏に合わせて歌います。48音図を基にして詠んだウタですから、歌い覚えるうちには48音図がこころの中に入ってきます。

ワカヒメさんは、カナサキさん夫婦に育ててもらいます。

カナサキさんは、現在の兵庫県の西宮市の広田神社や西宮神社（浜の南宮）にてワカヒメさんを養育します。ヒロタとは、厄年での捨て子にした、拾い子の意味から「ヒロタ」《（広田神社）》と呼ぶようになったのです。当時には、浜の南のミヤ《（現在の西宮神社）》は海岸線のすぐそばで、白砂青松の松も茂っていたことでしょう。当時には入り江になっていた景勝の地で、ショウロも生えて朝晩の楽しみもあるその地で、ワカヒメさんは「アワウタ」を習っていたのでした。

この時の楽器は打楽器の「カタ」と弦楽器の「コト」が主です。時にピーヒョロロと吹く「フエ」も合わせて演奏したようです。「カタ」は聞き慣れない言葉ですね。「カキのカタうつ」の言葉もありました。『ホツマツタヱ』（9アヤ25ページ、『記紀原書ヲシテ増補版』上巻の行番号21633）に典拠があります。「カキ」は柿の木の事かも知れませんし、あるいは堅い樹のことを一般名称として指しているのかもしれません。判らない事が多いです。柿の木の中央の赤いところは、殊に堅くて、楽器に作ると良い音が出そうです。

「コト（琴）」の絃の数は3本や5本、6本と記述が『ホツマツタヱ』にあります。詳しくは『ホ

→「モトアケ」（大宇宙の把握）

←「コホシ」（天界の把握）

（c）日本ヲシテ研究所　池田 満

ツマツタヱ』9アヤ25ページから27ページをご覧下さい。

大宇宙にまで思いを馳せることができるのが、音楽の醍醐味の一つですね。さて、ここらでヲシテ時代の天空世界の把握について、みてみましょう。

天空の世界を「アイフヘモヲスシ」の**アナミカミ**《はたらき》として把握していました。

「コホシ」は大宇宙の創生祖のアメミヲヤと「トホカミヱヒタメ」を指しています。「コホシ」の中心の「アウワ」は、特殊ヲシテ文字で「」と表現されています。エネルギーのかたまりの「《ウ》」を中心として、上方向の「《ア》」に、また下方向の「《ワ》」にと、ジェット噴射をしているさまを表しているようです。

そのまわりを取り囲むのが「トホカミヱヒタメ」です。ヲシテ文字で書くと「

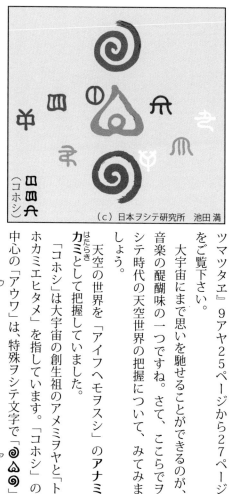

〓〓〓〓〓」です。季節の移り変わりを表しています。「〓《ト》〓《ホ》〓《カ》〓《ミ》〓《ye》〓《ヒ》〓《タ》〓《メ》」は、秀逸の季節把握です。温かさの棒と冷たさの棒を用いて、季節の移り変わりを表しています。子音の形状で、温かさの棒と冷たさの棒のバランスを表現しています。「〓《ト》」は、3本です、夏なので温かさの棒が3本です。「〓《ホ》」は2本です、秋に入る季節ですから、温かさの棒が2本です。また、冷たさの棒も2本になり冷温が拮抗する季節です。「〓《カ》」は1本です、秋も深くなる季節ですから、温かさの棒が1本です。冷たさの棒が3本になります。「〓《ミ》」は、冬に入る季節です。「〓《ミ》」の子音の横棒「一」の示す地面の、その下に残りの温かさの棒が潜ったことを表します。つまり、形に表されては居ませんが、横棒「一」の示す地面の上には冷たさの棒が4本並んだことになります。それで寒い冬です。

冬至《フユいたるひ》になると、冬が極まります。そして、次には春が訪れてきます。冷たさの棒が4本並んだところに、温かさの棒が1本立ってきます。「〓《ye》」に表されている概念です。地面の上の冷たさの棒は3本になります。

日本固有暦の基本（内円）とグレゴリオ暦（外円）

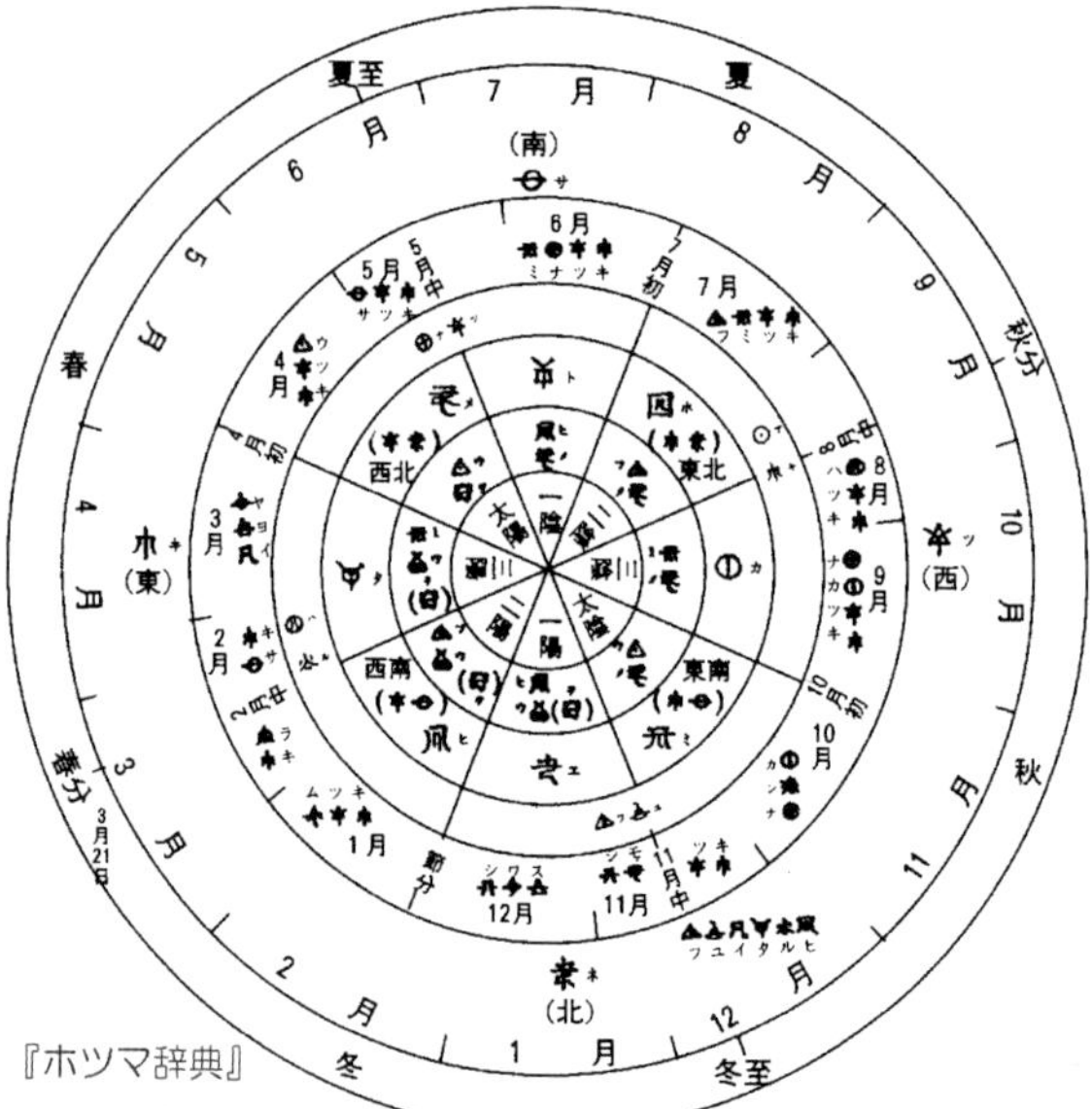

『ホツマ辞典』掲載

（C）池田 満

節分の頃、旧暦の正月になりますと、吹く風にも温かさを感じる日も出てきます。それで、「〓《ヒ》」のヲシテ文字であらわされます。春に入る季節ですから、温かさの棒が2本です。また、冷たさの棒も2本になります。「〓《タ》」は春も季節が進んで温かさが体の中にも入ってくる感じがします。それで、温かさの棒は3本になり、冷たさの棒は1本になります。「〓《メ》」は夏です、じっとりと汗ばむことも感じる季節になります。温かさの棒が4本並んできました。そうなると、冷たさの棒の最後の1本が、「〓《メ》」の子音の横棒「一」の示す地面の下にもぐってしまった状態を「〓《メ》」のヲシテ文字で表しているのです。

論理的です。こうして、「〓《ト》〓《ホ》〓《カ》〓《ミ》〓《ye》〓《ヒ》〓《タ》〓《メ》」は地球上での季節変化をヲシテ文字で表す概念だったのでした。

わが国の国語はすでに縄文時代の前期の頃に48音図が編まれていたことが判ります。クニトコタチが、八方に遣わした教えの使者は、「〓《ト》〓《ホ》〓《カ》〓《ミ》〓《ye》〓《ヒ》〓《タ》〓《メ》」の8人でした。季節の移り変わりの把握を、ヲシテ文字の3本・2本・1本に合わせて命名されていたことで判明します。こうして、わが国を建国したクニトコタチは「トシノリ」を定めていました。「トシノリ」には、「〓《ト》〓《ホ》〓《カ》〓《ミ》〓《ye》〓《ヒ》〓《タ》〓《メ》」が重要な要素のひとつです。

「縄文哲学」の基礎は「トシノリ」です。天地からのめぐみを受けてヒトは生活をし得るのです。その天地の成り行きを知ることがとっても重要です。季節の移り変わりを知らなければ、その恵みを活かすことが出来ないからです。

天地からの恵みを得るには、季節の移り変わりを知ることが極めて必須の重要事項です。ストーンサークルなど、コヨミを創るための天体の観測遺跡が先史以前の遺跡から、続々と見つかるのは、国祖クニトコタチの国家樹立に向けての前走の先駆けだったようです。

ワカヒメさんがカナサキさん夫婦から習った「アワウタ」は「縄文哲学」に編まれる基礎だったのでした。

クニトコタチさんによって「トシノリ」が考えられ、さらに、「アワウタ」を土台にして、「モトアケ」が編み出されていました。長い長い時をかけてじっくりと創り重ねられてきた、高度な文明が、わが国の真相でした。

すでに「モトアケ」《大宇宙の模式的把握》をタカマ（朝廷のカシコトコロ）に祭るようになっていましたから、「縄文哲学」のふたつの命題は立てられていたことが判ります。『ホツマツタヱ』の4アヤに「モトアケ」の事が記されています。4アヤ4ページ『記紀原書ヲシテ増補版』上巻の行番号204459からを見てみましょう。

ヒタカミや　タカミムスヒと
クニすへて　トコヨのハナお《を》
ハラミヤマ（富士山の古名）　カクヤマ（富士山の古名）となす
ヰモ《五百》つき《継ぎ》の　マサカキ《公称、一本6万年の樹木》もうゑ《（植え）》
ヨヨうけて　をさむヰ《5》つヨの
ミムスヒの　ゐみな《（まことな、真の名）》　タマキネ
モトアケ《二元原理のこと》お《を》　うつすタカマ《（カシコトコロ）》に
アメミヲヤ《宇宙の創造の祖（ヲヤ）》　モトモト《大宇宙の中心》　アナレ《成りゆくはたらき》
ミ《3》ソ《2》フカミ《はたらき》　まつれはタミの
トヨケカミ《タマキネの称え名》　ヒカシのキミと
ミチうけて　オオナメコト《後の大嘗祭》も

わが国の国家の樹立は、初代のクニトコタチに始まりました。「トのヲシテ」を建国の理念に掲げた「文明立国」です。考古学の時代把握にあわせて言いますと、わが国の建

国は縄文時代の前期の中葉のころのことです。青森の三内丸山遺跡に人々の暮らしが集まってきて、賑やかになってくる頃の時代がわが国の建国の当時に近い時代です。

「モトアケ」は４９の要因で構成されています。けっこう複雑に階層の積み上げがされています。大宇宙の創造の祖《ヲヤ》のアメミヲヤと、大宇宙の構成要素の９６の要因（４８×２）をまとめたものが「モトアケ」です。つまり、大宇宙を模式化した縮図が「モトアケ」であるとも言うことが出来ます。

「モトアケ」と長寿

「アワウタ」を歌うと長生きできる理由の根源は、「モトアケ」にありました。「モトアケ」は大宇宙と繋がります。大宇宙の縮図が「モトアケ」であるからです。

「モトアケ」は、大宇宙の中心と、ふたつの４８音韻の合わさりで表されます。４８音韻がめぐり良く通ると、こころも身体もすべて良くなってゆきます。このことから、「アワウタ」を朗唱すると健康になり、元気で長寿をまっとう出来るわけです。

形而上の目で見がたい・手で触っても分かりつらい世界の４８音韻は、「アワウタ」の頭韻のアイフヘモヲスシで表します。

形而下の物質界のモノの48音韻は、ミソフカミで表します。ミソフカミとは、基本の48音韻からトホカミヱヒタメとアイフヘモヲスシを除くと32音（48マイナス8マイナス8＝32）になります。この32音韻を2音韻づつの16の要因に連ねます。ヤマ・ハラ・キニ・チリ・ヌウ・ムク・エテ・ネセ・オレ・コケ・ヨロ・ソノ・ユン・ツル・ヰサ・ナワ、に編んだものがミソフ《32》カミ《はたらき》です。

「モトアケ」の概念

（アワウタの頭韻、見えないモノの代表）

（アワウタから、トホカミヱヒタメとアイフヘモヲスシを除いた音韻で構成する、ミソフ（32）。見えるモノの代表）

極めて高度な哲学概念が「モトアケ」です。大宇宙のダイナミックな活動を「アウワ」

でとらえます。そこからの及ぼしの恵みを「アワウタ」の各行の頭韻《あたまのおと》の「アイフヘモヲスシ」が代表する、「アナミカミ」が形而上の世界の48音韻を表します。さらに、形而下の物質界の48音韻を、残る32音韻で表すという、複雑に練り上げられたマトリックスを展開して全世界の成り立ちを手中に収めた哲学です。「縄文哲学」の呼び名がふさわしいものです。

アカハナマ　イキヒニミウク
フヌムエケ　ヘネメオコホノ
モトロソヨ　ヲテレセyeツル
スユンチリ　シyiたらさやわ

「アワウタ」の朗唱や書き写しは、世界の縮図の「モトアケ」をより巡り良くするがために、健康を得ることが出来、そして、病を防ぐことが出来て、健康長寿を得ることを

実現できるわけです。すばらしいことで御座います。ぜひ、みなさま「アワウタ」の読み書き朗唱をなさってください。もちろん、ヲシテ文字で。ヲシテ文字は、アマテルカミもおつかいであらせられた文字です。

7 ウタと国語の原理

わが国は、国祖クニトコタチさんによって建国されてきたことは、もう、ご理解頂けたことでしょう。考古学でいう縄文時代の前期の時代の事です。気候の温暖化が進んで、自然に則した生活が豊かになったからです。(今から約６０００年前の温暖の時代、平均気温で２℃ほど高くて温かだった)

すごいですね、わが国は、どこの世界各地を訪ね調べても、ブッチギリに太古からの大文明国でした。このことが、『ホツマツタヱ』などヲシテ文献の発見と現代研究で、やっと隠されていた真実がわかったのでした。

わが国の歴史の真相は、漢字の渡来以前の、それも縄文時代の大昔から大文明の栄えていた国だったのです。縄文文明の光輝がはっきりと戻る、この認識には、縄文時代からの国字のヲシテ文字の取戻しと、『ホツマツタヱ』などヲシテ文献の古典としての取戻しが必須の条件です。それはそうです、漢字文に直訳したら、もう、Ｃｈｉｎａナイズが為されてしまうことになります。漢字文化のカスミや雲がかぶさってしまいます。１３００年間以来の誤謬です。この曇りをとりはらう手段を講じましょう。縄文文明の取り戻しです。それは、原字のヲシテ文字で、５・７調のヲシテ文献を原文で読むところから始まります。ヲシテの文章の５・７調の原文に親しんでください。きっと雲が晴れます。カスミも吹き払われます。

「キレ」が宝石の美しさを決める

文章の構文の事に、話題を移しましょう。わかり易く現代文で話を進めてゆきます。ウタ、つまり和歌や短歌には国語のエッセンス（真髄）が宝石のようにうつくしく光っています。この、美しさがどこから来ているか、その原理をお話しましょう。構文の原理、すなわち国語の原理から発展した「キレ」が重要な要素だったのです。文章の「キレ」を適切に作ること、これが、ダイヤモンドのカットがうまく出来るのと同じです。ダイヤモンドは、カットの良し悪しで、５割がたにも価値が上下するそうです。

普通の叙述文と、ウタの文章との違いを見てみましょう。たとえば、こんな情景を思い浮かべてみてください。

降り止んだ春の朝日に、西の山を渡して虹が美しくかかりました。

これは、普通の叙述の文章です。これを、ウタにしてみましょう。

①　**春雨の　あがりてわたす**
西の山、うつくしき虹を
眺め見るかな」

ここで、もっと、言いたいことを強調して表現してみましょう。

②　**うつくしき　虹はかかれり**」
春雨の　あがりてわたす
西の山の上

①のウタと②のウタと、雰囲気が違いますね。「キレ」の位置が違うことがわかります。

「キレ」と言いますのは文章の構成での断点のことを言います。「キレ」を「　」で表しました。

①では、３１音の内容を言い切っての最後に、「見るかな」の最後に大きな「キレ」があります。最後の5番目の句で「キレ」なので終句切れとも言います。

また、「西の山」と「うつくしき虹を」との間に小さな「キレ」があります。小さな「キレ」を「、」で表しました。こちらを重んじてみると、三句切れともとれます。（三句キレにみるのは、少数派でしょう）

②では、一行目の「うつくしき　虹はかかれり」の終わりで大きな「キレ」があります。二句目の終わりに「キレ」があるので二句切れと言います。

ひと呼吸置く雰囲気が「キレ」です。それで「キレ」には強調する意図が現れます。漢字時代になってからも、「キレ」の位置には流行の変化がありました。『万葉集』には二句切れや終句切れが多いです。もう少しのちの時代の『古今和歌集』には三句切れが多いです。現代は、『古今和歌集』からの流れを受け継いで1～3句を「上の句」4～5句を「下の句」とも呼んでいます。

「キレ」のことは、ヲシテ時代中期に「タツ、ナカツホのチマト」という言葉でとらえられていました。「タツ」は断点の意味で「キレ」と同様の言葉であるようです。『カク

ナカレキハ　ケリノオヨクキ
コトナラス　イカタトカモノ
ハシメヨリ　ヤマトコトハノ
ミチアキテ　タツナカツホノ
チマトヨリ　テニオハニツキ
ミチヒキテ　コトハツカヒモ

のミハタ』の『アワウタのアヤ』に、アマテルカミが解説なさってくださっています。　さすがの、アマテルカミです。難しい高度な内容をやさしくお述べになられています。『アワウタのアヤ』のア‐27（『記紀原書ヲシテ増補版』の行数番号53127から）に出典しています。

文章の断点（「タツ」）、すなわち「キレ」は強調の「チマト」を生じます。それを、テニオハの助詞でどうつながるかを導きます。こうしてさらにわかり易い文章に整えることが出来るのです。

「ナカレキ」と「オヨクキ」の考え方は、縄文時代からの国語の文法の基礎でした。ヲシテ文献で初めて分かった、古来からあったモノの新発見の概念です。

→ 湖北の滋賀県長浜市の尾上浜遺跡出土の丸木舟（縄文時代後期）

「ナカレキ」は、宇宙の中心からの「ナカ」からの「レ（もたらされ）」て「キ（来ること）」の意味です。つまり、現状の今の状況の事を意味します。「オヨクキ」は「オヨク（及ぼしてゆく）」事を為しゆく「キ」です。

「ナカレキ」は現状認識で、「オヨクキ」は未来への対応です。このふたつの概念の対比が文章の構文力を創る源であるのでした。

イカタ（筏）とケリ（カモ・鴨の古名）の喩えは、フネ（舟）の創られた歴史に拠って「ナカレキ」「オヨクキ」を表したものです。樹を何本かしばり並べたイカタ（筏）は、川の流れに浮かんで進みます。せいぜい、サオ（棹）で右によけたり左に寄せたりできる程度です。それが、カイ（櫂）で漕いで自走できるフネになりますと、川上にも遡ってゆくことが出来ます。

フネをカモ（カモフネ）と呼ぶようになったのはこの経緯からでした。

ヤマトコトハの、すなわち国語の文章の構文の原理は、ここから始まっていました。イカタ（筏）状態の「ナカレキ」と、自走のフネになる「オヨクキ」との、ふたつのブロックの対比から文章の構文が創られます。偶数ブロックの対比による構文の構成原理と呼んでいます。この大原理に基づいて、主語を必要としない文章も多く有るわけです。（独立文の「熱い！」とか「痛い！」とか「危ない！」の単独文は除外しての大原則です）

「ナカレキ」と「オヨクキ」の間に立って接続の意味合いを明示するのがテニオハの助詞の役割です。「ナカレキ」と「オヨクキ」の関係で、すっかり解りきった接続の仕方でしたら、テニオハは必要なくて意味が通じます。言葉のブロック間の複雑な接続具合で意図を伝えるなら、テニオハは重要なアイテムになります。

例えば、「わたし、言う」という文意も順接なら、テニオハは無くても意味が通じます。「わたし、が、言う」や「わたし、は、言う」なら、テニオハ無しで大丈夫です。「わたし、に、言って」の意味なら「に」が必要です。

ウタの歴史

ヲシテ文献を読み進めてゆくと、ウタの発展の歴史に気が付きます。国家の建国の時代に近いころ国祖のクニトコタチさんのころには、「トコヨのウタ」の古調で綴られていました。古調とは、5・7調の以前の時代の乱調です。アマテルカミの義理の弟のオモイカネさんの詠んだ「カクのキ」のウタが古調でした。『ホツマツタヱ』7アヤの37ページ（『記紀原書ヲシテ増補版、上巻、行数番号21054）に典拠があります。乱調の古調の時代から、5・7調に進展してゆく歴史を見ておきましょう。古典は何回も読んでこそと言います。古調のオモイカネさんのウタを、ふたたびご覧頂きましょう。

かくのき《タチハナ（橘）》　かれてもにほゆ
しほれてもよや　あかつま
あわ　あかつまあわや　しほ
れてもよや　あかつま　あわ

6代のアマカミのオモタル・カシコネさんの時代に、気候変化が寒冷化に向かって勢いを増したのでした。作物は減収になります。考古学でいう縄文時代の後期（約

3500年前）の寒冷化に合致します。そうして、社会が乱れてまいりました。盗賊や悪人が続出するのです。

この時代に、アワナギさんが大活躍します。アワナギさんはイサナギさんのとてもしっかりした厳父《おとうさま》です。ネのシラヤマ《白山比咩神社（石川県白山市）》から、チタル（今の鳥取県と島根県もか？）にかけて、地域の人々が、その教えの恵みに浴したいと希《こいねが》ったのでした。アワナギさんは、傑出したすぐれた文明創出の指導者でした。おそらく、アワナギさんが「アワウタ」をお詠みになられたと推察されます。わたくしが文明創出の指導者としてアワナギさんを尊敬するのは「アワウタ」を詠まれたからでもあります。「アワウタ」は48音図表を基にして詠まれたウタです。

アカハナマ　イキヒニミウク
フヌムエケ　ヘネメオコホノ
モトロソヨ　ヲテレセyeツル
スユンチリ　シyiたらさやわ

のちの世の、「あめつちの歌」（承平年間(931~938) 源　順《みなもとのしたがう》）と比べてみてください。「たゐにのウタ」(天禄元年(970) 源為憲)と比べてみてください。「いろは歌」(1097ごろ)と比べてみてください。ずっとずっと、「アワウタ」は上等で素敵です。哲学的な精緻さに極められていて、実に、うつくしいです。驚くほどに光り光って美しいのが「アワウタ」です。

ちなみに「あめつち、ほしそら」の「あめつちの歌」は、詳しく説明しましたら、「あめ　つち　ほし　そら　やま　かは　みね　たに　くも　きり　むろ　こけ　ひと　いぬ　うへ　すゑ　ゆわ　さる　おふせよ　えのえを　なれゐて」の48音韻です。これは、源　順《みなもとのしたがう》の『源順集』に初出があると捉えられています。「ゆわ」は硫黄の事じゃないか？と、推察する説が一般です。「えのえを」は「榎の枝（えのきの枝）」の事のようです。

「枝」の「え」は、ヤ行の「え（ye）」の区別が残っていた時代の事です。もちろん、『ホツマツタヱ』などヲシテ文献には「ヤ行のえ（ye）」はちゃんと記載されています。平安時代の初めごろの源順は西暦換算で911年から983年の存生でした。平安時代の始めの頃ですね。小野道風や平将門の活躍した時代です。「あめつちの歌」の内容の事、これをよくよく考えてみましたら。事物の列挙を48音韻に、単に当て嵌めただけでした。

　もう少しだけ後にできていたらしい「たゐにのウタ」と比べてみましょう。「たゐにのウタ」は、次のような内容です。「たゐにいて　なつむわれをそ　きみめすと　あさりおひゆく　やましろの　うちゑへるこら　もはほせよ　えふねかけぬ」（大為爾伊天奈従武和礼遠曽支美女須土安佐利於比由久也末之呂乃宇知恵倍留古良毛波保世与衣不弥加計奴）極めて牧歌的なウタでした。

「いろは」は解説とて不要でありましょう。仏教の無常観に満ちたウタが「いろは」です。

　これらの「いろは」や「あめつち」や「たゐに」と比べて、比類なきほどにもずば抜けて縄文哲学に裏打ちされた、高度な哲学的文意に富んでいるのが「アワウタ」です。ただ、ヲシテの文字が忘却されて久しくなると、深い哲学的な真意が伝わらなくなります。これが寂しくてあわれな、現状のコトの真相です。ですから、ヲシテ文字の復活がどうしても求められます。ヲシテ文字が忘れ去られた後には、子供じみた事物の列挙のような馴染み易い表現の歌が求められてきたのでありましょう。水が高いところから低いところに流れる原則のように、新たなる発見や創出がなくて、ただ広まってゆくには薄まる方向の力だけが働くようです。凡俗の方向へと、向かうわけですが、その元には、高くてとってもすごいヲシテの大文明があってのことでした。

アワナギさんが「アワウタ」を創作しお詠みになられて、文化・文明を高められたから、人々からの信望も高まったのですね。そういう、偉人がイサナギさんのお父様のアワナギさんであったろうと、今わたくしも、やっと気が付いてきたのでした。アワナギさまと申し上げるほうが良いのでしょうか？　アワナギさんの嗣子のタカキネさんは、結局のところ、次代の7代アマカミになって頂きたいと、就任の要請が世の世論としてまとまります。こうして、タカキネさんは、イサナギさんと名乗って7代アマカミに即位されることになります。

さらに、先代の6代アマカミのオモタルさんからイサナギさんは「アワギミ」と尊んで呼ばれてもいます。（『ホツマツタヱ』5アヤ25ページ、20742）イサナギさんの尊父のアワナギさんの威光がここにも見て取れます。

アワナギさんの出自は、『ホツマツタヱ』にくわしく記録されていました。『ホツマツタヱ』2アヤの22ページ（『記紀原書ヲシテ増補版』上巻、行数番号20325）です。

トコヨカミ《国祖のクニトコタチ》　きのみ《マサカキ(暦の樹)》ひかし《東》に
うゑてうむ　ハコクニ《東北地方》のカミ《指導者》
ヒタカミ《東北地方》の　タカマ《カシコトコロ》にまつる
ミナカヌシ《初発の人類(祖先)》　タチハナ《カクの樹》うゑて
うむミコの　タカミムスヒお《を》
もろたたゆ《人々が称賛する》　キ《東》のトコタチや
そのミコは　アメカカミカミ
ツクシたす《今の九州教え治める》　ウヒチニ《4代アマカミ》もうく《教えてもらう》
このミコは　アメヨロツカミ

ソアサたし《四国地方教え治める》　アワ《アワナギ》・サク《サクナギ》うめは《産めば》
アワナギは　ネのシラヤマ《白山神社を中心に》と
チタル《山陰地方》まで　ノリもと《法律》ほれ《通る》は
うむミコの　いみなタカヒト《後のイサナギ》
カミロギ《素晴らしい偉人》や　タカミムスヒの
ヰつよカミ《5世の指導者》　いみなタマキネ《まことなトヨケカミ》
トヨウケ《トヨケカミ》の　ひめ《娘の》のイサコ《後のイサナミ》と

イサナギさんのご即位が実現した背景は複雑でした。国家が気候変動で乱れたので、再建のためにイサナギさんにアマカミ即位をお願いすることになりました。雨降ってこそ地固まるです。わが国に、しっかりした国家観・国家感が熟成されてきた下地には、危機が幾度も到来してきたあやうさがあってのことでした。危機があって、どうあるべきか？　が強く意識されたのです。

はるか昔の国祖のクニトコタチ以前の時代には、人々に生存の危機がありました。そ

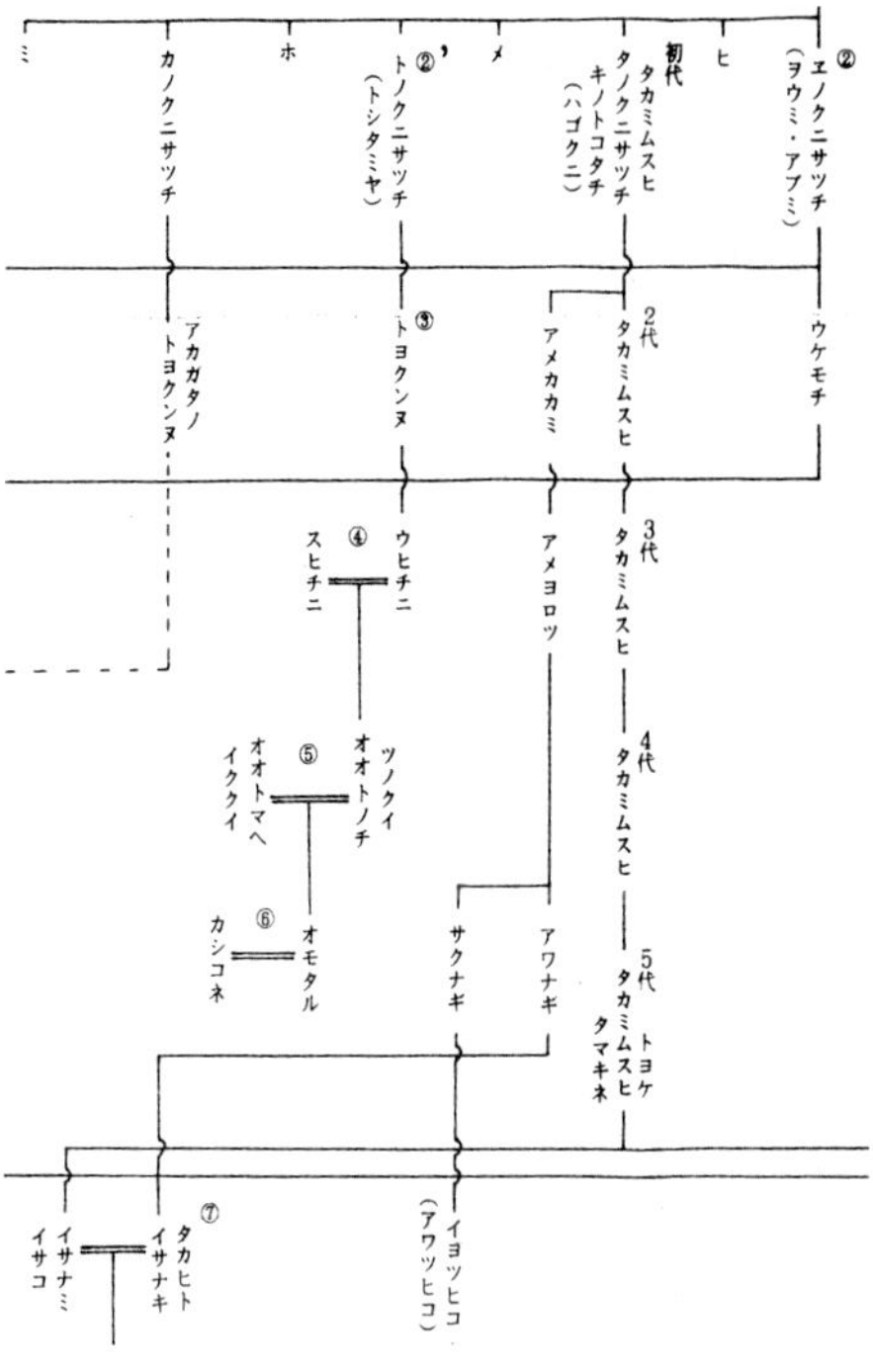

れを乗り越えるために、「二のココロ」の精神が培《つちか》われました。この精神の発展するかたちで「トのヲシヱ」が立てられます。クニトコタチの立てた「トのヲシヱ」の理念によって、一致協力しての国家建国が樹立されました。これがわが国の国家としての始まりである「トコヨクニ」です。『古事記』や『日本書紀』にと漢字訳するとChinaナイズされるので、重要な意味が抜かれてしまうのでした。臥龍点睛を欠く、ではないですが、目玉の抜かれた「タツ」の

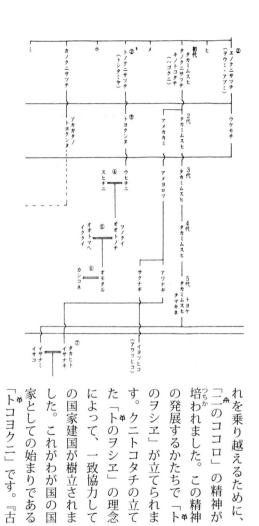

状態が１３００年以上も続いてきたのです。『ホツマツタヱ』などヲシテ文献の発見と現代研究によって、大切な目を描く「点睛」をすることが出来ます。

イサナギ・イサナミさんは即位の礼に際してトツギの儀を執り行われます。その際に、5・4調のウタをお詠みになられます。7代アマカミとなるイサナギさんとイサナミさんのおウタです。『ホツマツタヱ』３アヤの7ページ（『記紀原書ヲシテ増補版』上巻、行数番号 20385）に典拠があります。

あなにえや　ゑをとこ

わなうれし　ゑおとめ

イサナミさんのウタの後に、イサナギさんが続けてお答えになりました。そして身ごもられたのでしたが、流産されてしまいます。先の6代アマカミのオモタルさんに相談されますと、『フトマニ』にウラナイをなさいました。ウラナイとは、どうやったら上手くゆくかを問う方式です。『フトマニ』は「モトアケ」のアミヤとシナウの宇宙の中心からの為さしめの働きの「アイフヘモヲスシ」と、地表上の物質世界のモノモノ《物質化のはたらき》のミソフカミを当て嵌《は》めて、今後のより良い方向性を探るやり方です。先代の6代アマカミの

オモタルさんが『フトマニ』に勘案なさいましたら、5・4の韻の数が良くないという判断をなさいました。5は、「ア[1]イ[2]フ[3]ヘ[4]モ[5]ヲ[6]ス[7]シ[8]」の5番目の「モ」に当たります。次の

「モトアケ」の概念

4はミソ[32]フカミ《はたらき》の「ヤマ[1]・ハラ[2]・キニ[3]・チリ[4]・ヌウ[5]・ムク[6]・エテ[7]・ネセ[8]・オレ[9]・コケ[10]・ヨロ[11]・ソノ[12]・ユン[13]・ツル[14]・ヰサ[15]・ナワ[16]」の「チリ[4]」に当たります。そうしてアミヤ（「アイフヘモヲスシ」）とシナウ（ミソフカミ）を合わせますと「モ[5]・チリ[4]」の項目が現れます。「もたらされてくるモノがチリヂリになる」意味合いです。さらに、コトアゲ（宣言）は女性からではなくて、男性からするべきだともおっしゃいました。ハルの兆《きざ》しから季

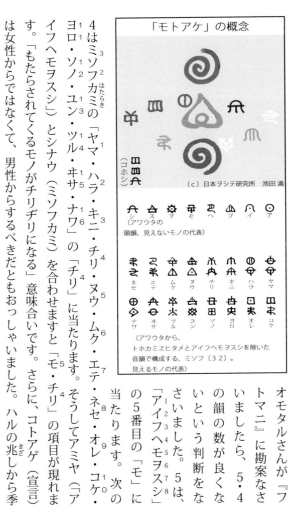

節が進みます。そうして、初夏には樹木も葉を茂らして、アキに実を結びます。男性はハルの意味合い（意趣）が強く、女性はアキの雰囲気が強いです。

5・7調のウタ

このさとしを受けて、イサナギさんとイサナミさんは5・7調のウタを詠まれることになさいました。5・7の韻の数を『フトマニ』に当て嵌めると「モ・エテ」となります。「モ・エテ」の項目は「もたらされてくるモノをしっかりと受け得て」の意味合いです。充実する雰囲気です。5・7調の15音のウタです。『ホツマツタヱ』3アヤ12ページ・行数番号20405、『ミカサフミ』行数番号35047に典拠があります。

イサナギさんの15音ウタです。

あなにえや　うましおとめに

あいぬ

イサナミさんの15音ウタです。

わなにやし　うましをとこに

あひき　

１５音にお詠みになったのは、１５と１５合わせての３０を、ひと月の日数に合わせたからでした。月の満ちてくる１５日と、月が細くなってくる１５日にウタの音韻数をフィットさせられたのです。それで、１５＋１５の３０音韻のウタを「ツキウタ」とも言います。後世に連歌に発展してゆくもとになるウタです。

この「ツキウタ」の末尾の「アイヌ」と「アヒキ」の表現には深い意味が込められています。「アイヌ」とは、「ア（大宇宙の中心）」から「イ（こころ）」を受けて「ヌ（まさに成ってゆくさま）」の意味です。「アヒキ」とは、「ア（大宇宙の中心）」から「ヒ（開き）」を受けて「キ（来る）」の意味です。イサナギさんの方は、「アイヌ」でハルの萌えだしてくる方向性から表します。イサナミさんは女性のほうからアキの結実を添わせてゆく意味です。

近世の壮大な俳句に、松尾芭蕉の素晴らしい句があります。

荒波や　佐渡に横とう　天の川

天の川の壮大さを、佐渡の荒波に見上げています。同じレベルの大宇宙を意識した思いが、「ツキウタ」です。大宇宙や天地《あめつち》の恵みからくる子種の成長を、祈るウタです。「アナ」とは大宇宙の中心からの「タマ」の降されを指します。「ワナ」とは地表上での「タマ」の子種への成長を意味します。「ア」から「ワ」に降されてきて、物質に編み上げてゆくことへの祈念を15音と15音の受け答えにまとめて歌い上げたウタです。「ア」からの為さしめを、「ワ」に実現してゆく、「アイヌ」と「アヒキ」の3音づつの男女《ヲメ》の結語に集約されています。大宇宙の神秘が、込められて結実した「ツキウタ」です。

簡単そうで、実に意味深く編み詠まれたのです。5・7調のウタの草創期の傑作が「ツキウタ」です。

「ア《大宇宙の中心》」からの為さしめる《ナ》はたらきに《ニ》よって、得る《エ》ことになる《ヤ》。「ウ《大宇宙のエネルギー》」を「マ《生じさせる》」て為さしめる《シ》、オト《固めてゆく》、女性《メ》に。「ア《大宇宙の中心》」から「イ《こころ》」を開き降して来て《ヌ》もらおう。「ワ《地表上》」に為さしめる《ナ》はたらきに《ニ》よってこそ《ヤ》実現させましょう《シ》。「ウ《大宇宙のエネルギー》」を「マ《生じさせる》」て為さしめる《シ》、ヲ《ハルのはたらき》トコ《固める》（男性《ヲ》）と共に、「ア《大宇宙の中心》」からの為しゆきを「ヒ《拓く》」を実現させ《キ》ましょう。

こういった意味が、「ツキウタ」です。『ホツマツタヱ』3アヤ12ページ（20405）。

あなにえや　うましおとめに
あいぬ
わなにやし　うましをとこに
あひき

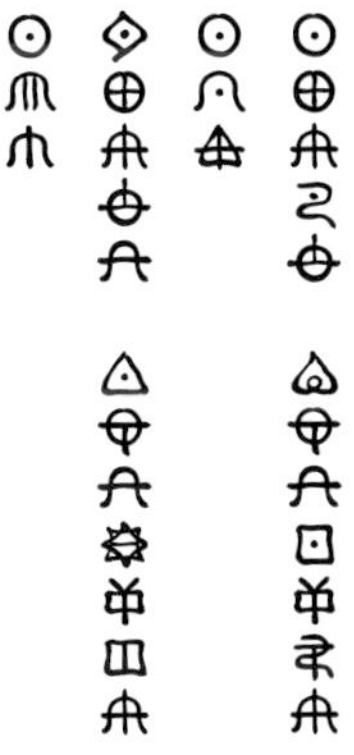

この「ツキウタ」の詠まれたのちには、5・7調が文体の基本になってゆきます。

まわりうた

「ツキウタ」が詠まれてから以降には、ウタの表現の世界が一気に広がってきます。ウタの大発展の時代になります。

そのウタを高からしめた旗手にカナサキさんが居ました。アマテルカミの実姉で、捨て子にされたワカヒメさんの育ての親がカナサキさんです。後に、スミヨロシともス

→住吉大社には、なつかしい路面電車（阪堺線）でお参りに行けます

ミヨシとも呼ばれてアマテルカミの御世を大黒柱として支える人物です。現代には住吉大社の御祭神というとわかり易いでしょう。カナサキさんはスミヱのヲキナと呼ばれてもいます。スミヱは住吉大社の住吉の土地を指します。現代は内陸地になっていますが、当時は海岸の港町として栄えていました。ナカクニ《近畿地方》をおさめていた際に、カナサキさんは住吉のところを本拠地にしていたのでした。さて。まわりうたです。『ホツマツタヱ』1アヤ24ページ（20192）

なかきよの　とおのねふりの
みなめさめ　なみのりふねの
おとのよきかな

並び替えてみましょう。

なかきよのとおのねふりの みなめ
さめなみのりふねのおとのよきかな

上から読んでも下から読んでも同じです。左のように、円形に書いてみるとよく判ります。右回りでも左回りでも同じです。

なかきよのとおのねふりのみなめさめなみのりふねのおとのよきかな

このウタは、直訳的に意味をとるとつまらないウタに思えますが、実際にカナサキさんの詠まれたおこころは、もっと壮大な意味合いが込められていました。

芭蕉の「**荒波や　佐渡に横とう　天の川**」をはるかに凌駕する内容がこのまわりうたに込められています。

「ナカ《大宇宙の中心》」からの来る《キ》ことがうまく良く通るのは、「トのヲ《ト》シヱ」のまと《オ》まりに似ています。「ネ《根本》」からのフリ《振り》及ぼしがあるからです。「ミ」にと実体化させるはたらきの「ナミ」が覚めるからです。これから起きてくる「ナミ」に乗りゆくのですから、ナミの音も心地の良いものになります。

これが、ヲシテ文献から読み取れる深い意味の内容です。さすがカナサキさんです。

この意味でしたら、嵐も収まって波もしずやかになりましょう。
一方で、次の直訳的なものは、ウタが天地《あめつち》に作用させるだけの意味合いを持ちません。

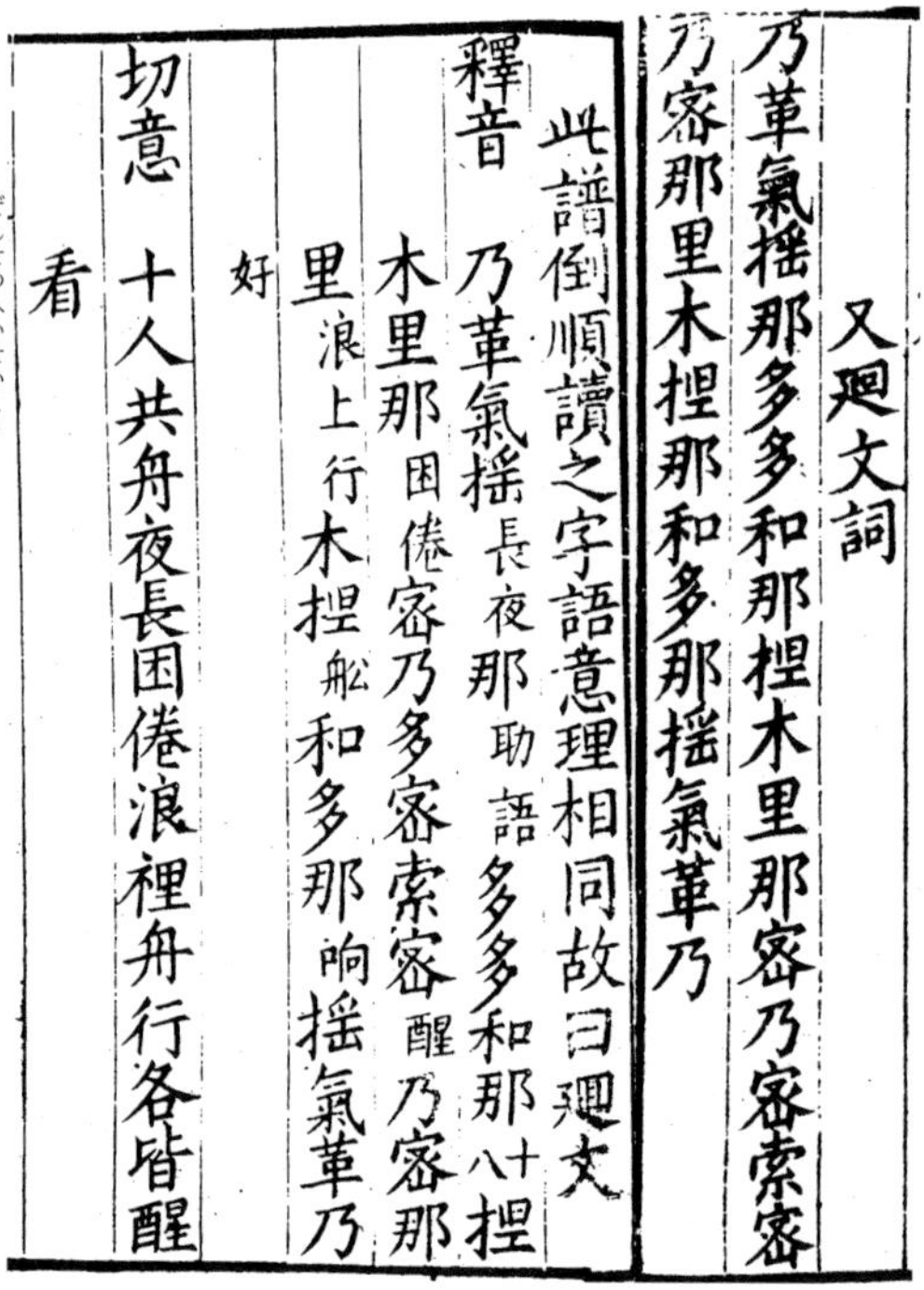
又廻文詞
乃華氣揺那多多和那裡木里那容乃容索容
乃容那里木裡那和多那揺氣華乃
此譜倒順讀之字語意理相同故曰廻文
釋音　乃華氣揺長夜那助語多多和那八十裡
木里那困倦容乃多容索容醒乃容那
里浪上行木裡船和多那响揺氣華乃
好
切意　十人共舟夜長困倦浪裡舟行各皆醒
看

→『全浙兵制考《ぜんせつへいせいこう》　日本風土記』

「長き夜の　遠の眠ふりの　皆目覚め　波乗り舟の音の良きかな」が、直訳的な解釈です。謡いの曲に「長き世の」歌が伝わっています。『ホツマツタヱ』などヲシテ文献からどのようにして伝承されたか不明ですが、安土桃山時代に遡る資料を辻公則さんが発見してくれています。上に掲げた『全浙兵制考《ぜんせつへいせいこう》　日本風土記』（明代万暦20年、1592に近いころ）に記されていました。付録的な続編の『日本風土記』は、主著の浙江省の防衛を考える『全浙兵制考』の著者の候継高《こうけいこう》に近い人たちが編集したと推定されます。当時、寧 波《ねいは(ニンポー)》は日本人の上陸地として定められていたわけで、秀吉が近隣諸国外交展開を盛んにしていた時期でした。そこに、滞在していた日本人からの聞き書きでまとめられたものであったようです。この時には、すでに直訳的なランク落ちの理解しかできていなかったのでした。

もう少し降ると『槐記続編《かいきぞくへん》』（享保18年、1733）にも出典がありました。この中で近衛家熈《いえひろ》は「古くから伝わる歌である」だけで、伝来の根拠を明かし得ることが出来ていませんでした。

わたくしたちは、直訳的な文章で意味合いのズレて落ち込んだ怪しさを捨てて、ヲシテ時代の素晴らしいウタの意味をはっきりと取り戻しました。そして、ウタの作者も、あのカナサキさんであることが判りました。平安時代に、歌会が住吉社の社頭や広田社の社頭や西宮社の社頭で盛んに行われたことも納得できます。カナサキさんを和歌の「神様」として敬慕する気持ちは伝承されてきたのでした。

もうひとつ、ラブレターのまわりウタが詠まれてあります。ヲシテ時代の中期の5・7調の草創期のウタです。アマテルカミの妹君のワカヒメさんのお詠みあそばしたウタです。『ホツマツタヱ』1アヤ28ページ（20206）に記されています。

きしいこそ　つまお《(を)》みきわに
ことのねの　とこにわきみお《(を)》
まつそこゐしき

キシイ（紀伊国・紀州・和歌山の古名）にはタマツシマという景勝地があります。入り江になっていて、現代にも和歌の浦として、天橋立と並んで称される風光明媚な土地です。すぐそばの奠供山《てんぐやま》からは、入り江が一望できます。麓の玉津島神社は、ワカヒメさんをお祭りするものです。『万葉集』の時代にも多くの歌が詠まれて、和歌の名所として伝えられてきています。タマツシマに滞在していたワカヒメさんのもとに、アマテルカミからのお使いでアチヒコがやって来ました。

↘玉津島から紀三井寺を見る

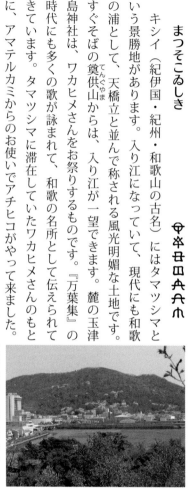

きしい（ゐ）こそつまお（を）みきわにことのねのとこにわきみお（を）まつそこゐ（い・ひ）し

ワカヒメさんは、アチヒコさんに「きしいこそ」のまわりウタをお詠みになって、手渡されました。アチヒコは、ワカヒメさんのまわりウタを手に取ってみて、すごいことに気が付きました。天地《あめつち》をも動かすちからのあるウタだ。よく出来たウタです。アチヒコさんは、タマツシマで悩みました。返答のウタを詠めないのです。こんなおウタを貰ったら、誰だってドキドキです。ワカヒメさまからの、求愛のおウタです。どう、お答えしてよいものか？　今も昔も、やんごとなきお方のこと、われわれ一般民衆にはわからないことも多いです。高貴なお方は、華やかさとは裏腹に身の振り方も難しいもので御座います。一挙手一投足、箸の上げ下ろしの些細なことでも、広く一般国民からの注目されるところですから、一時も気が休まるところもありません。

ましてご婚姻の御事《おんこと》ともなれば、ゴシップ記事が飛び交うのは今も昔も同じことで御座います。アチヒコさんは、どうしてよいものか？　考えあぐねたのでした。

　ワカヒメさんから「きしいこそ」のまわりうたを受け取ったアチヒコは、取り敢えずミヤコ（当時の首都のイサワのミヤ、今の伊勢神宮の別宮の伊雑宮《いざわのみや》）に戻ってアマテルカミや、ワカヒメさんの養父のカナサキさんに相談してみることにしました。強烈なラブレターのウタを貰ったのですがどうしたらよいでしょうか？　それは、もちろんアチヒコはうれしさに気持ちが浮付いてグラグラと動揺していました。大尊敬するアマテルカミの御妹君《おんいもうときみ》にして、あの才色兼備の誉れ高いワカヒメさんからのラブレターのまわりうたですから。

　ミヤコに（イサワのミヤ、今の伊勢神宮の別宮の伊雑宮《いざわのみや》）に戻ったアチヒコは、ワカヒメさんから貰った「まわりうた」を見てもらいました。「きしいこそ」のウタです。カナサキさんもアマテルカミもビックリのご様子です。

きしい《紀伊のクニ》こそ　つまお《(を)》みきわに

ことのねの　とこにわきみお《(を)》

まつそこゐしき 

ワカヒメさんの養父のカナサキさんは、かつて嵐に遭遇した際の困難に、ウタでこそ難局を乗り切った経験を話しました。風雨の嵐を静め得たのはウタの効力であったと、カナサキさんは思うのでした。それが「なか《大宇宙の中心》　きよ《来良い》」のまわりうたでした。そして、ワカヒメさんのおウタのミチの上達に感動しました。コト（琴）の音の音曲はワカヒメさんがとても上手でした。当時においての第一人者のような演奏家でした。

実直なこころの詠みの内容にして、なお更に、文面がまわりうたの形式になっている。ウタの本質である、詠む気持の内容もしっかりした訴えがあり、さらに、まわりうたの形式に整っていて、口《くち》を差し挟む隙間もないのです。カナサキさんは、アチヒコさんに結婚を勧めるお気持ちでした。アマテルカミも、ナミのフネのウタのこと(フネノリ)から、ふたりの結婚を勧めます。ラブレターのウタの「おもいかねて」のことから、アチヒコはオモイカネと呼ばれることになりました。アマテルカミのミコトノリが『ホツマツタヱ』の原文にあります。『ホツマツタヱ』1アヤ30ページ（20213）です。

みことのり　カナサキがフネ 

ノリ《法則》うけて　メヲト《夫婦》なるなり
ヤスカワ《琵琶湖の南東》の　シタテルヒメと
アメ《天下》はれて　そのオシクサ《教える内容》は
ヌハタマの　ハナはホノホノ
カラスハの　アカキはヒので
ヒアフキの　いたもてつくる
アフキして　クニもりヲサム
ヲシヱくさ　カラスアフキ《（ヒオウギのこと）》は
ソフ《12》ハ《体》なり　ヒアフキ《（カラスアフギのこと）》のハ《葉》は
みなはらふ　アワのヨソヤ《48》そ
またミソフ《32》　ミチな《（否定）》わすれそ

5・7調の調べって、読むと心地が良いです。もっとさらに、興味深いことがありまし

た。現代にも、このお祭りは毎年、盛大に挙行されています。

アマテルカミの妹君のワカヒメさん（シタテルヒメ）のこの教えグサ《オシクサ》は、南紀の那智大社のお祭りに、今の時代に至るまで残されて伝わって執り行われています。左上の写真は扇神輿《おおぎみこし》と言います。この扇神輿が１２体《ソフハ》も用意されます。これは「ソフハ《１２体》」です。

→那智大社の扇祭り（火祭り）の扇神輿

足元の平ったいカラスアフギ《ヒオウギ》の植物は４本×１２なので４８本になります。つまりカラスアフギの４８本がお神輿《みこし》に付けられます。「ヨソヤ」ですね。なんとピッタリ一致するのでしょう。

カラスアフギ《ヒオウギ》の花は、とってもうつくしいです。結実すると実は、また、うつくしいです。真っ黒な真珠のようにつややかな漆黒の色です。際立っ

← カラスアフギ（現代名ヒオウギ）の花と実。茶碗の中はムクロジの実

た美しさです。ヌハタマのカラスアフギの実はとてもうつくしいです。とてもとてもうつくしいタマですね。深い黒とも漆黒とも言いましょうか、夜の枕詞になったわけもよく判ります。真っ黒なのです。その色目こそが、カラスアフギの実の色です。茶碗の中のムクロジの実とは、色も形も大きさも凝結感も違います。うつくしいタマになる、カラスアフギの実は殊更に目にしあわせです。

那智大社の扇神輿の事は、日の丸扇の全開の３０扇と、半開き2扇で、合わせて３２扇が付けられます。よくこんなお祭りが、わかっているだけでも平安時代から続けられてきた、その熱さに感動します。つまり、「ミソフ」ですね。魔除けのウタの３２音韻の文字の数に合わせて３２扇が1体のお神輿に付けられます。３２扇を付けた扇神輿が１２体も立ち並ぶ風景は壮観です。

→那智大社の扇祭り

平安時代にはこのお祭りは催行されていたもようです。毎年、７月１４日に催行される扇祭りは、松明《たいまつ》の火の清めが勇壮なので「火祭り」とも呼ばれています。それもそのはずでとっても重たい５０ｋｇ～６０ｋｇもの松明を１２人の人がそれぞれに担ぐのです。それで、１２本の松明が練り歩きます。この１２本の松明清めが毎年毎年、ずっとおこなわれてきています。記録のあるだけでも平安時代からは、那智の滝の前の階段を練り走って清めていたと知ることが出来ます。すごい御祭りです。ワカヒメさんのオシクサを記念しての感謝でこそに、続いたお祭りです。ＰＲＣ《中華人民共和国》のコロナ禍のもとでも、地元の人々は伝統の通りにお祭りを挙行なさっておられます。すごいことで、素晴らしいことで御座います。恩を忘れない。
さすがです。「日本」わが国です。

8 オニのこと、と「二」を生むこと

能楽を見ますと、恐ろしい能面を目にします。般若はその代表です。お能におけるオニです。

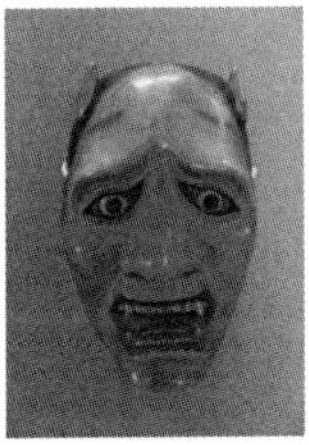

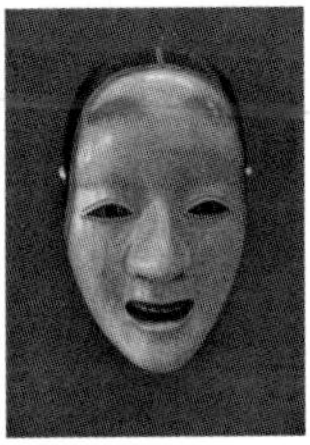

みっつの恐ろしい面を並べました。

上から般若、中はナマナリ（生成）、下は泥眼（でいがん）です。般若になると、もう、元には戻れないほどの逝っちゃったオニです。恨みや妬みが凝り固まってくると、泥眼から生成《なまな》りになりやがては般若のように怖いオニのこころになり、面相にも表れてきます。

切迫した際など、オニ退治も時に必要です。でも、退治に力を費やしただけでは、不幸の発生を止められません。泥眼や生成りの段階で時すでに遅し、麗しさは消えてしまうのです。これは不幸です。不幸を防ぐには、オニに成りゆかない知恵を得ることが必要です。

オニにどうしてなってゆくかのプロセスが『ホツマツタヱ』などヲシテ文献でやっと新解明できました。

能楽は、室町時代ごろから盛んになりました。古い飛鳥時代や奈良時代の芸能を受け継いでいます。そして、何より漢字以前のヲシテ時代からの伝統も色濃く残されていました。題材もヲシテ時代からゆかりの、春日の杜や、住吉の松などから作られています。近世、幕末には水戸烈公（徳川斉昭《なりあき》）の新作能「要石《かなめいし》」もあります。カナメイシ（要石）は、ヲシテ文献に詳しい典拠があります。漢字国字化の時代には、黒いベールがかぶさってきて、オニの生成プロセスも解らなくなっていたのです。

オニの語源をヲシテ文字のイメージから考えると、難なく氷解します。

オニの「お」は動詞の活用にも作用しないように固化された態です。つまり固体に固まった状態を意味する音韻です。カチコチに固まったという雰囲気です。オニの「に」は「ニココロ」に表されるように、成ってゆくこころ・相手をいつくしむこころを意味します。つまり、やさしい気持ちがコチコチに固まったというのが「オニ」です。

「ニココロ」はアマテルカミがとても強調されていた精神です。「アワウタ」を広める意義が「ニココロ」を曇らせないためだと、ワカヒメさんと共におっしゃっておられました。

『記紀原書ヲシテ 増補版』下巻ア－127（53227）

アワのウタ　われもうたえは
もろひとの　ニお《(を)》うまんとて
フタそめ《染め札》て　さとしおしえん
ニのミチも　とはねは《問はねば》くもる
ヒルコカミ　ときにアマテル
みことのり　むかしフタカミ

アワウタお《(を)》　ひことにうたひ
やをよろか《800万回》　おこなひゐたる
このすえに　われうけつきて
むすフテ《二拍手》に　あさことうたふ

『「アワウタ」を歌うと「ニのミチ（に《ニ》こころ）」を曇らさないで済む』と、ワカヒメさんがおっしゃいます。多くの人々に「アワウタ」を教え広めたいと、染め札を作って普及活動を目指されます。

『皆、自分の事だけで忙しいのです。ですから「ニのミチ」が曇りやすいのは仕方ないのです。でも「アワウタ」を歌うと、本来のうるわしいこころを取り戻せます』

この話を聞かれて、アマテルカミはお褒めになられました。ワカヒメには、ヒルコカミと名乗りなさいと、尊いカミの称号を授与なさいました。

さらに、アマテルカミは、昔の事を回想なさっておっしゃいます。

『昔、フタカミと呼ばれるイサナギさんとイサナミさんは、「アワウタ」を毎日毎日お

歌いになりました。それは800万回《（日）》にも及ぶかとも伝えられます。それで、国語も再興できました。この結果を受け継いでわたくしも毎朝毎朝歌っています。むすフテ《二拍手》を打って、歌います。「ニのミチ」を高く為さしめるためです』

アマテルカミが、毎朝二拍手《ムスフテ》をお打ちになって「アワウタ」を朗唱されている風景が目に浮かびます。

やさしいこころ、相手をいつくしむこころが「ニのミチ（〓《ニ》こころ）」です。これこそが「オニ」を去るこころです。

「トのヲシテ」の源流が「ニのミチ（〓《ニ》こころ）」です。「ニのミチ（〓《ニ》こころ）」が集まり集うことで「トのヲシテ」になります。

わが日本文明の大源流のみなもとが「ニのミチ（〓《ニ》こころ）」にありました。アマテルカミのおこころです。『ホツマツタヱ』などヲシテ文献の現代研究での大発見です。

さて、ここでもうひとつ疑問が出てまいります。「アワウタ」で、「ニのミチ」が奮起される機序《しくみ》についてです。

「アワウタ」と「ニのミチ」が、わが大文明の礎

「アワウタ」には、「縄文哲学」が込められているので、「ニのミチ」が奮起されます。仕組みは簡単ですが、理解はむつかしいです。理解困難なステップがふたつもあるからです。ひとつが「縄文哲学」の命題の森羅万象は48音韻で表される、の原理です。もうひとつが、「縄文哲学」と「ニのミチ」の関連です。

わが国に国語が出来始めたヲシテ時代の草創期に、48音韻がまとまってきました。5母音と、10の子音からなる48音韻です。物事のすべてを表す音韻として見られてきました。

国祖クニトコタチは、季節の把握に「トホカミヱヒタメ」の概念を打ち立てました。温かさと冷たさの季節変化を、それぞれ4本の棒の増減で把握する方法です。「トシノリ」とも言います。この時点でヲシテ文字の形状は完成していたことが理解されます。48音韻として把握されていたことでしょう。

さらに時代を経て、ヲシテ時代の中期に至ると、「アワウタ」が編まれます。大宇宙から地表上のすべてに通じる原理をあらわすのが「縄文哲学」です。早い時代には、形而

下も形而上も一元的に考えられていた森羅万象の把握も、次第に分離理解が進んでまいります。形而下と、形而上のふたつの世界に分離して把握するようになったもようです。

形而上のモノを４８音韻で表し、形而下のモノを別の４８音韻で表す概念に発展しました。形而上のモノを「アミヤ」として、形而下のモノを「シナウ」として、捉えることになりました。４８＋４８の概念を、アマテルカミは「コソムアヤ《48+48=96》」と表現なさっておられます。

『ホツマツタヱ』１４アヤ２６ページ（２２４４９）

アワのカミ　す《総》へ《て》コ《9》ソ《6》ムアヤ　

４８＋４８＝９６です。形而上のモノの４８を「アワウタ」の頭韻の「アイフヘモヲスシ」で代表して表します。形而下の４８を、ミソフのはたらきとして表します。ミソフは４８音韻から「トホカミヱヒタメ」と「アイフヘモヲスシ」を除いた３２音韻で代表して表します。１６の熟語に合わして「ヤマ・ハラ・キニ・チリ・ヌウ・ムク・エテ・ネセ・コケ・オレ・ヨロ・ソノ・ユン・ツル・ヰサ・ナワ」です。これが、ミソフカミです。物質世界の成り立ちの要因を１６の項目に代表させたものです。

神懸かりでもなんでもない純粋哲学が、「縄文哲学」です。国語の48音韻によって、森羅万象が把握できるという、大きな命題が掲げられたのでした。時代が進んで、形而下のモノと、形而上のモノ、それぞれを48で表せると、大命題も進化したのでした。

「アミヤ」は、「ア《宇宙の中心》」からのなりもたらしの「ミ」が、地表にぶつかって跳ね上がるさまの「ヤ」を表します。ヲシテ文字で表記すると、「縄文哲学」の「アミヤ」のイメージが判ります。「アミヤ」は、「」と表記します。

「シナウ」は、物質に為しゆく「シ」のはたらきを為さしめる「ナ」の力や動きの「ウ」を表します。ヲシテ文字で表すと、「シナウ」は「」で、これはよく解る表現です。

その概念を表す詳しい内容は、形而上は「アミヤ」の「アワウタ」の頭韻の「アイフヘモヲスシ」で、形而下は「シナウ」のミソフカミです。詳しく言いますと「ヤマ・ハラ・キニ・チリ・ヌウ・ムク・エテ・ネセ・コケ・オレ・ヨロ・ソノ・ユン・ツル・ヰサ・ナワ」です。

哲学ですね。純粋哲学がわが縄文文明の根幹となっていたのです。シャーマニズムではなくて、理知的な「縄文哲学」の時代が国祖のクニトコタチさんの世界だったのです。

アニミズムではなくて、「縄文哲学」の世界にわがアマテルカミがご存命だったのです。ずっと後の時代（10代スヘラギ・ミマキのキミ《崇神天皇》）になると、疫病が大流行したりして、神懸かりの要素が少し強くなった時代もありはしたものの、基本、「縄文哲学」がわが国のバックボーンです。

切羽詰まって救済を求め、藁にもすがりたい人は、神懸かりにと、こころの安寧を求めるのは、古代でもそうです。今現代でも同じように、ある一定数の割合で常に共存します。自己判断なしに救いを求める人たちはいつもいつも、世の中で一定の割合で存在するわけです。わたくしたちが丁寧な説明をして理解を求めても、聞く耳を持たない人も、いつもいつも、一定の割合のあたりで存在します。そこの人達のグループには、今わたくしたちはスルーを致しましょう。先駆けを務めるわたくしたちは、もっと前を向いてゆかねばなりませんからです。

その人たちも、時を経て、あ、そうだったの！　って理解してくださいます時も、また、いつもの如くにあります。時を待つしか、仕方がないことも、いつもいつもまゝ御座います。

神懸かりでは無理ですが、ヒトとしての自分の考えが正しく為されてゆくと、「ニのミチ」はおのずからに備わってくるものです。人様のおかげでわたくしたちは生活を楽しく送ることが出来ています。物事を正しく考えることが出来てくると、他の人に感謝する気持ちが湧いてくるものです。ヒトの心は、ヰクラ・ムワタから発生しますので、そのうちのミヤヒのはたらきは心の基本に備わっているからです。

物事を考える道具が言葉です。その言葉の基礎が48音の国語の音韻です。国語音韻の48を57調の4行にまとめた「アワウタ」は国語の基礎です。「アワウタ」を歌うと国語に筋道が通ります。それで、「ニのミチ（〓《ニ》こころ）」を通すことにつながります。

9 否定の言葉「な」のはなし

「な」の否定語としての使い方の事は、「な～《なになに》そ」として、古文の教科で習われた思い出がありましょう。係り結びとも、聞いた覚えがあるかも知れません。きっと眠たい授業であったかも知れません。同感です。ところが『ホツマツタヱ』などヲシテ文献には、その古文のそのままの国語の用法が活き活きとして使われているのです。ビックリで御座います。眠たい授業も、決して無駄ではなかったのです。

まわりうたのところで、「なわすれそ」の言葉使いがありました。典拠は『ホツマツタヱ』1アヤ32ページ（20224）です。

またミソフ《32》　ミチ　な《否定語》　わすれ　そ《否定の完結語》

「な～《なになに》そ」の言葉使いの用法です。ここの「ミチなわすれそ」では、「ミソフ《32》のミチ」

を忘れないで！　の意味になります。３１音のウタがワカ（和歌）の基本ですけれども、1文字余らせる３２音のウタは、魔物除けのウタになるのです。このことを言うのが、**「またミソフ《３２》　ミチ　な《否定語》　わすれ　そ《否定の完結語》」**の文意です。さてさて、ここまではよく解ります。

ですが、

ここで、疑問です。

何の疑問を抱くのか？　不思議ですね。なぜなら、わたくしはヲシテの文字のイメージから物事を考えていますので、「な」の音韻が、どうして？　否定語になるのかが不思議に思えて仕方がないのです。つまり、成り備わる「な」のイメージが、なぜ？　否定語を形成するの？　の疑問がわいてくるのです。成るの言葉なのに、なぜ否定か？　の疑問です。

⊕ 十 の子音なので、成ってゆくイメージ

そもそもは、「⊕《な》」の音韻のイメージとは、成ってゆく・為しゆくなどの十全に成り立つ感じがします。成ってゆくイメージなのに、どうして？　否定語

なのか？　がわたくしには不思議に思っていたことでした。

「二のミチ（〓《ニ》こころ）」が、国祖クニトコタチさんの出現する遥か以前のむかしからの伝統として色濃く有ったわが国で、あからさまな否定の表現は避ける意図があったのではないか。わたくしは、こう推察します。極力、否定の言葉は、嫌うのです、出来れば言いたくない。というのが、そもそもの前提の文明です。二人称や三人称で、相手の気持ちを慮る配慮が強いので、否定をダイレクトにあからさまには極力表明しない事を礼儀としていたのではないかと、国文法の遡及から思い至ります。

でも、「ダメです」ということも時としては必要になります。その際には、遠回しにやる婉曲《えんきょく》な言い方の方が後の軋轢の回避に役立つというのが知恵なのでしょう。それで、当たり前が余りにも１００％にもあるような当たり前に過ぎることならば逆転して否定の意味をそこに乗せる形式で、否定語の表明をするようになったのではあるまいか。当たり前過ぎて、逆に否定の表現に転じさせるわけです。この婉曲な表現方法は高度です、しかも、とても上品な表現です。どうでしょう、あまりにも切れないハサミや包丁に、「よく切れ過ぎる」と表現しますが、そういう言い方は御座いませんでしょうか。心身や知能の発育の遅れた人を「ごゆっくりさん」とも言ったりしますね。冗語に冗語を重ねたりして、強さ素晴らしさを強調し過ぎて、逆語の否定の意味に使うような用法を使うのでしょう。わたくしも、そうします。安易に否定語を発しますと、やはり自他ともに傷つくのです。それには、言い換えで優しく包む方法が編み出されていたのです。当り前さが余りにも当たり前に過ぎることを以って、否定の意味を伝えるのは高度な文明の知恵でありましょう。それが、わが日本の文明の、その早いうちから国語にも備えられてきていたのです。すごい大文明です。

そういった理由から、逆転否定語の「な〜《なになに》そ」の言葉使いが一般に使われるようになってきたのであると推察しています。

その後に、「な」の一音韻でも否定の意味で使われるようになって、「無き」や「ない」や「なし」の言葉が定着してきたでありましょう。「凪ぐ」の言葉も同一線上にありましょう。こう考えますと、肯定的な「ナ」の音韻が否定語として定着してきたのか？　の、大きな疑問についてのひとつの解答の試案が出来てきます。

つまり、「な」なるべきの、「わすれる」の事である。と、文章の文意が強烈に及んできて、一人称の自分にもたらされて、及ぼされた場合、忘れることが100%有り得ない相手の意思であると判ると、逆の、「not 忘れる」の意味に相手が発信していると捉えることが出来ます。この、文章上文法上ののいびつさが緊張となって、強い意志としてこちら側に伝わります。通常にない逸脱したところが、相手側にメッセージとして伝わるのです。

「ニココロ」の早い時代での出例を見ておきましょう。『記紀原書ヲシテ増補版』上巻『ホツマツタヱ』2アヤ9ページ(20276)、下巻『ミカサフミ』2アヤ目(33037)。

キミ《古代の天皇陛下》は ソ《揃うところ》の キ《東》のミ《実》によりて
ヲカミはキ　メカミはミとそ
なつき《命名》ます　ヒトなるのちに
やよひみか《旧暦3月3日》　ミキ《お酒》つくりそめ《初め》
たてまつる　もも《100》とにくめる
ミキにツキ　うつりすすむる

めかみまつ《初め》　のみてすすむる
のちヲカミ　のみてましわる
とこのみき　みあつけれ《熱ければ(仲良し)》はや
あすみあさ《新年明けて3日朝》　サムカワあひる《浴びる(ミソギ)》
ソテ《袖》ひちて《濡れて》　うすの《男女》ニココロ
またきとて《全き(うるわしい)》　ナも《名前》ウヒチニと
スヒチカミ　これもウヒニル
ふることや　おおきすくなき
うすの《男女》ナも　このヒナカタの
ヲはかむり　ウオソテハカマ
メはコソテ　ウは《上の衣類は》カツキなり

ざっと、この、「ニこころ」のヲシテ文献での時代的にも最も早い初出の用例について

解説をしておきましょう。

4代目アマカミの時代になって、稲作が広く取り入れられるようになりました。ほとんどが陸稲《おかぼ》でありましょう。考古学でいう縄文時代の晩期の頃の話です。安定して豊かになりました。

稲作には、雑草取りが重要であるようです。刈り取り作業も大変ですし、収穫後のモミからお米にする作業も手間がかかります。男女のカップルでの役割分担で円滑な生活を営むことが出来ます。それには「二《ニ》のミチ（にのこころ）」がどうしても必要になります。4代アマカミのウヒチニさんとスヒチニさんは、お互い「二《ニ》のミチ（にのこころ）」で補完し合う・フォローし合う関係を作り出されました。それが、婚儀のノリ（法、則）です。こうして整えられました結婚の制度は、人々に広く普及してゆきます。

まず始めの4代目アマカミのウヒチニは、スヒチニをツマ（妻）に迎えました。結婚の式の始まりになります。サイアヒ（南の栄えてゆく、こころの、合わさり）のソ（備わり固まった）のもとおり（本居り）はコシ（越前）のヒナルノタケ《日野山》のカンミヤ（現、日野神社、福井県越前市中平吹町字茶端）にて開かれました。

木の実を持って在（あ）れましたウヒチニさんと、スヒチニさんです。ニワ（庭）に植え置いた三年の後に、ヤヨイ（3月）の3日（三日月の日）に花も実もモモ（沢山）成ったのです。それで、「モモ」と言うわけです。「モモ」の名前から、モモヒナギとモモヒナミとも讃えられます。ヒナと言う意味は、ヒト（人）になる前の「ヒ」と「ナ」から由来しています。また、アマカミの事をキミと称するのは、木の実の出来かたに因（ちな）んでいます。キは、東でもありまして、男性の事にも通じます。ミは、秋に成りまして西のことでもあり、女性を意味します。キは男性。ミは女性です。キとミが揃って事が成り行くのですね。それで、ヒナから、ヒトに成るというわけです。

ヒトになったモモヒナギとモモヒナミはヤヨイ（3月）の3日に結婚の式を挙げました。ミキ（お酒）を造り初めて奉ってくれたのでした。モモの花の許にて、ミキを器に注いで勧めますと、ツキ（月）が映って浮かびました。器はサカツキと名付けられます。メカミ（モモヒナミ）が先ず飲みまして、ヲカミ（モモヒナギ）に勧めます。モモヒナギが飲みまして、これをもちまして婚儀の成り立ちになりました。トコのミキです、「トのヲシテ」による固めのミキです。アスミアサ（翌年の正月3日、ホ13-5にあり）にサムカワ（寒い季節の日野川）にて冷水を浴びられます。とは言え、寒中です。袖が少し濡れたモモヒナミさんはスヒチニと呼ばれます。「ス」の少しだけヒチタ（浸す、濡れた）意味です。モモヒナギさんは大きく袖が濡れました。モモヒナミさんを庇（かば）ってあげたからです。何かを足してあげる「ニ」のココロ（心・気持ち）です。それで、大きな意味の「ウ」を付けてウヒチニさんと呼ばれます。ウヒニル、フルコト（故事）です。「ニ」のココロの大いなる発意の事でした。

「ニ」のこころと言いますのは、助詞の「に（〜に）」のはたらきや意味における、本来的な「何かをプラスしてゆこう」の感覚が備わったことを表します。

一人称は、自分の事だけです。自分だけで幸せだったら、それはそれで、完結していて幸福です。でも、ヒトは一人だけでは生きてゆけません。他の人たちと寄与をし合って生活が成り立ちます。今現在だけの事でもなくて、過去の先人の知恵やいさおし《功績》のおかげで、今・２１世紀の便利で豊かな生活があります。１００年前と比べたら、また、３００年前の江戸時代の頃と比べたら、また、もっと１０００年前の平安時代の終わりごろと比べたら、雲泥の差があるほど良くなりました。もちろん、問題点も数多く発生しています。過去の歴史をたどってこそ、未来に向けた展望の精緻さを作り得ます。

わたくしたちは、前を向いて進みゆきましょう。そうありましょう。かつて、国祖のクニトコタチさんが国家建国の宣言を為された際には、問題が山積でした。その問題を解消してゆくために「トのヲシテ」の精神に拠る国家建国を宣言されて「トコヨクニ」と国名を命名されました。「トのヲシテ」の精神に拠る建国なので「トコヨクニ」です。

わたくしたちは、前を向いて進みゆきましょう。そうありましょう。これから未来への道しるべは、「トのヲシヱ（テ）」です。そして、「トのヲシヱ（テ）」に先行する精神の「ニのミチ（に《ニ》のこころ）」です。わが大文明のキモ《根幹》がやっと解かりました。

「ニのミチ（に《ニ》のこころ）」は「アワウタ」で増進されるのです。ワカヒメさんもアマテルカミも口を酸っぱくするほどにおっしゃっておられます。

あとがき

『ホツマツタヱ』などヲシテ文献の暗唱から始めて、ほぼ50年になりました。深く学ぶにつれて、わが日本の文明は全世界においてまさに冠たるものであると実感します。

この素晴らしさを、世に知らしめたいと念願します。新書版の書物を作ろうとしましたが、既存の新書版のスタイルには盛り込む内容が複雑過ぎたようでした。そこで、新たなスタイルを模索して考案しました。100巻にも巻を重ねてゆきたいと願います。

今回も四国の合田さんには、誤字などのチェックと共に文章表現もみて頂きました。有り難いことで御座います。

松本善之助先生がご逝去なさって18年が過ぎました。直接に松本善之助先生からご指導を賜った第一世代の人々は、志未だし、鬼籍に入った人も多くなってまいりました。

漢字以前の時代のわが大文明を取り戻すには、第二世代・第三世代……n世代にと研究も普及活動も繋いでゆかねばなりません。

基礎を確固として打ち立てられました松本善之助先生の顕彰碑を建立する企画が持ち上がりました。実現すると嬉しいです。菩提寺の東京四谷の本性寺《ほんしょうじ》です。お近くにおいでの際に墓参の程をお願いできますことを望んでいます。建てるべき顕彰碑の文章を掲げます。

令和3年4月20日　池田満

『ホツマツタヱ』など「ヲシテ文献」の発見者

松本善之助先生の顕彰の碑

松本善之助先生は熱血の国士です。大東亜戦争に志願兵で出征なさいました。

復員後は、自由国民社で編集長として『現代用語の基礎知識』やP・ドラッカーの『現代の経営』の出版に携わられました。禅は加藤耕山老師を師とされました。

それで「生涯竹一竿」の一休禅師の書を授かるほどに熟達されました。

冬の托鉢の日に、ワラジの鼻緒を修理していて大悟されます。ふと、見上げた深紅の梅の花。それで鳥居のもとでしゃがんでいたことに気が付きました。

「あ、神社だ！　そうだ、これまで禅をやってきたけれど、これは仏教だ。日本には神社があったんだ。神社の事、何も知らなかった！」と、一瞬のうちの大悟でした。この日から、神社や神道について調べる事になります。そうして古書店を広く跋渉するうちに、『ホツマツタヱ』の写本を発見するに至りました。

この書物は、他に多くある偽書の「神代文字」のたぐいとは違う。この光り方は、ニセモノではない真実のすごい強烈な光がある。全国を訪ね訪ねて『ホツマツタヱ』の全巻40アヤを発見なさいました。『ミカサフミ』も発見されました。その後、『古事記』・『日本書紀』と、『ホツマツタヱ』を原字原文で比較対比をする研究を進めて、『古事記』・『日本書紀』の原書が『ホツマツタヱ』であることを突き詰めて確認なさいました。

松本善之助先生は、記紀の原書《ヤマトなるフミ》の発見という大功績を上げられました。

竿ひとつ　探し求めて
ヤマトなる フミ《記紀の原書》 と定めて
御稜威（みいつ）顕す

令和3年○月○日

弟子　池田満　謹書　九拝

池田　満（いけだ　みつる）
昭和30年、大阪生まれ。昭和47年松本善之助に師事する。
『古事記』『日本書紀』との比較。系図・年表などの基礎研究に没頭する。
主要著書：『定本ホツマツタヱ －日本書記・古事記との対比－』『新訂ミカサフミ・フトマニ』『ホツマ辞典 改訂版』『ホツマツタヱを読み解く』『縄文人のこころを旅する』『ホツマ縄文日本のたから』『ホツマで読むヤマトタケ物語』展望社
『The world of Hotsuma Lagends』日本翻訳センター
『よみがえる日本語』の監修、明治書院

―「ヲシテ文献」「池田満」で御検索下さい―

ホツマ日本の歴史物語1
―アワウタの秘密―
令和三年五月二十五日　初版第一刷発行
著　者　池田　満
発行者　日本ヲシテ研究所（ホツマ刊行会）
発売所　株式会社展望社
文京区小石川三‐一‐七　エコービル二〇二
電　話　東京（〇三）三八一四‐一九九七
ＦＡＸ　東京（〇三）三八一四‐三〇六三
振替　〇〇一八〇‐三‐三九六二四八
印刷・製本　株式会社プリントパック

ISBN978-4-88546-401-0